ULTIMÁTNÍ EGYPTSKÉ POULIČNÍ JÍDLO 2024

Prozkoumejte bohatou tapisérii egyptských chutí prostřednictvím 100 lahodných receptů

René Hajný

Materiál chráněný autorským právem ©2024

Všechna práva vyhrazena

Žádná část této knihy nesmí být použita nebo přenášena v jakékoli formě nebo jakýmikoli prostředky bez řádného písemného souhlasu vydavatele a vlastníka autorských práv, s výjimkou krátkých citací použitých v recenzi. Tato kniha by neměla být považována za náhradu lékařských, právních nebo jiných odborných rad.

OBSAH

- OBSAH 3
- ÚVOD 6
- **SNÍDANĚ** 7
  1. KRÉMOVÁ PŠENIČNÁ CEREÁLIE [BILEELA] 8
  2. VEJCE S RAJČATY A SÝREM FETA [BEID BIL GEBNA WA TOMATUM] 10
  3. JOGURT S MEDEM [ZABADI BIL 'ASAL] 12
  4. SLADKÉ PALAČINKY PLNĚNÉ OŘECHY [ATAYEF] 14
  5. BAREVNÁ VEJCE [BAID MIL'ON] 17
  6. BALILA [SNÍDAŇOVÁ MÍSA S CIZRNOU] 19
- **CHLÉB** 21
  7. TRADIČNÍ QURBAN CHLÉB [AISH QURBAN] 22
  8. BÍLÝ PITA CHLÉB [AISH SHAMMI] 24
  9. BEDUÍNSKÝ CHLÉB [AISH BEDAWI] 26
  10. EGYPTSKÝ CELOZRNNÝ CHLÉB PITA [AISH BALADI] 28
  11. NÚBIJSKÝ CHLÉB [AISH NUBI / MALTOUD] 30
  12. EISH BALADI [EGYPTSKÝ PLOCHÝ CHLÉB] 32
- **STARTOVAČE** 34
  13. TROJÚHELNÍKY PLNĚNÉ HOVĚZÍM CHLEBEM [SAMBUSAK BIL LAHMA] 35
  14. TAAMEYA [EGYPTSKÝ FALAFEL] 37
  15. HAWAWSHI [EGYPTSKÁ PITA PLNĚNÁ MASEM] 39
  16. SLADKÉ LÍVANCE PŘELITÉ SIRUPEM [LOMUT AL ADI] 41
  17. EGYPTSKÝ FAVA FALAFEL [T'AMAYA] 44
  18. KROKETY Z ČERVENÉ ČOČKY [KOFTAT ADS AHMAR] 47
  19. MASO A BULGUR PŠENIČNÉ PRSTY [KIBBEEBA] 49
  20. SLADKÉ LÍVANEČKY S CITRONOVÝM SIRUPEM [BALAHE SHAM] 52
  21. SMÍŠENÝ OŘECHOVÝ TALÍŘ [TABAA M'KASSARAT] 55
  22. FAVA BEAN PUREE [FUUL MEDAMMES] 57
  23. PHYLLO TROJÚHELNÍKY PLNĚNÉ JEHNĚČÍM [SAMBUSAK BIL LAHMA DANI] 59
  24. SLANÉ PHYLLO PEČIVO S MASEM [GULÁŠ BI LAHMA] 61
  25. LILEK PYRÉ [BABA GHANOUG] 63
  26. MACEROVANÉ DATLE S MERUŇKAMI A ROZINKAMI [KHOSHAF] 65
  27. LUPINA FAZOLE [TERMIS] 67
  28. PHYLLO TROJÚHELNÍKY SE SÝREM [SAMBOUSIK BIL GEBNA] 69
  29. ROZMANITÝ TALÍŘ S ČERSTVÝM OVOCEM [TABAA FAKHA TAZIG] 71
  30. SENDVIČE S KUŘECÍM CHLEBEM PITA [SHWARMA BIL FIRAKH] 73
  31. PEČENÁ RYBA S BYLINKAMI A RAJČATY [SAMAK FEE AL FORN BI TOMATUM] 75
- **HLAVNÍ CHOD** 77
  32. KRŮTA PLNĚNÁ RÝŽÍ A MASEM [DEEQ RUMI MESHI MA ROZ WA LAHMA] 78
  33. PEČENÁ JEHNĚČÍ KÝTA S BRAMBORAMI [FAKHDA MASHWIYA BIL BATATAS] 81
  34. FUL MEDAMES [FAVA FAZOLOVÝ GULÁŠ] 83
  35. KOSHARI [EGYPTSKÝ POKRM Z ČOČKY A RÝŽE] 85

36. Kastrol z telecího masa, rýže a toastového chleba [Fattah bil Bitello] 87
37. Grilované čerstvé sardinky [Sardine Ma'li] 89
38. Makaróny s masem a bešamelovou omáčkou [Macarona Bešamel] 91
39. Kuřecí a špenátový matzo koláč s egyptskou horkou omáčkou [Mayeena] 94
40. Pečené sardinky s rukolou [Sardeen Fee al Forn bi Gargheer] 97
41. Telecí a bramborový tagin [Tagin Bitello wa Batatas] 99
42. Jehněčí stopky napuštěné kořením [Kawara Lahma Dani] 101
43. Čočka, rýže a těstoviny s pikantní rajčatovou omáčkou [Koushari] 104
44. Čerkesské kuře [Shirkaseya] 107
45. Egyptská rýže s míchanou zeleninou [Roz bil Khodar] 109
46. Beduínský jehněčí guláš [Tagin Lahma Dani] 111
47. Pečené marinované kuře [Firakh Mashwi Fee al Forn] 113
48. Smažený okoun nilský [Samak Bulti Ma'li] 115

PŘÍLOHA 117

49. Artyčoky s koprovou omáčkou [Kharshuf bi Shabbat] 118
50. Plněné vinné listy [Wara' El Aghnib] 120
51. Egyptská rýže [Roz] 123
52. Smažený lilek s česnekovým dresinkem [Bittingan Ma'li bil Toum] 125
53. Dušená okra a rajčata [Bamya Matbukh] 127

SALÁTY 129

54. Salát z citrusových zelených fazolí [Fasoulea bi Limoon] 130
55. Salát z cizrny, rajčat a tahini [Salata Hommus bil Tomatum wa Tahina] 132
56. Pastýřský salát [Salata bil Gebnit al Ma'iz] 134
57. Rukolový salát [Salata bil Gargeer] 136
58. Salát z lilku s melasou z granátového jablka [Salata Ruman bil Dabs Ruman] .138
59. Salát s hrozny a smaženými kuličkami Feta [Salata bil Aghnib wa Gebna Makleyah] 140
60. Míchaný salát z bylin a jarní cibulky [Salata Khadra bil Bassal] 142

POLÉVKA 144

61. Cuketová polévka s pyré[Shorbat Koosa] 145
62. Židovská slézová polévka [Shorbat Maloukhiya] 147
63. Cizrnová polévka se zataarskými krutony [Shurba bil Hommus] 149
64. Jehněčí vývar a polévka Orzo [Shorba bi Lissan al Asfoor] 151
65. Vermicelli, maso a rajčatová polévka [Shorbat bil Sharleya, Lahma, wa Tomatum] 153

DEZERT 155

66. Date Dome Cookies [Ma'moul] 156
67. Datum Haroset [Agwa] 159
68. Egyptský librový dort [Torta] 161
69. Tradiční eidské sušenky [Kahk a L'Eid] 163
70. Asuánské datlové cookies [Biskoweet bil Agwa min Asuán] 165
71. Medem plněné eid cookies [Kahk bil Agameya] 168
72. Faraonova foie Gras [Kibdet Firakh] 171

73. Krupicové sušenky s třešničkou [Biskoweet bil Smeed wa Kareez] 173
74. Krémový pomerančový pudink [Mahallabayat Bortu'an] 175
75. Krupicový dort s medovým sirupem [Basboosa] 177
76. Meruňkový pudink [Mahallibayat Amr al Din] 180
77. Roz Bel Laban [rýžový nákyp] 182

KOMĚNÍ 184
78. Meshaltet [pomazánka z přepuštěného másla a medu] 185
79. Dukkah [směs egyptských ořechů a koření] 187
80. Tahini omáčka [pastová omáčka ze sezamových semínek] 189
81. Shatta [egyptská pálivá omáčka] 191
82. Bessara [Fava Bean Dip] 193
83. Česneková omáčka [Toum] 195
84. Amba [Nakládaná mangová omáčka] 197
85. Směs koření škumpy 199
86. Molokhia omáčka 201
87. Směs koření Za'atar 203
88. Besara [dip z bylinek a fazolí] 205
89. Tarator [sezamová a česneková omáčka] 207
90. Sezamová melasa [Dibs a Tahini] 209

NÁPOJE 211
91. Černý čaj s mátou [Shai bil Na'na] 212
92. Tamarindový džus [Assir Tamr Hindi] 214
93. Kmínový čaj [Carawaya] 216
94. Beduínský čaj [Shai Bedawi] 218
95. Egyptská limonáda [Assir Limoon] 220
96. Guava a kokosový koktejl [Cocktail bil Gooafa, Manga, wa Jowz al Hind] 222
97. Domácí meruňkový džus [Assir Amr Din] 224
98. Horký skořicový nápoj [Irfa] 226
99. Lékořicový nápoj [Ir'sus] 228
100. Hibiscus Punch [Karkade] 230

ZÁVĚR 232

ÚVOD

Vydejte se na kulinářské prozkoumávání rušných ulic Egypta s kolekcí „ULTIMÁTNÍ EGYPTSKÉ POULIČNÍ JÍDLO 2024", která vás zve k vychutnání bohaté tapisérie chutí, které definují scénu pouličního jídla této pulzující země. Tato kuchařka je oslavou rozmanitého a lahodného sortimentu jídel, která se nacházejí na rušných trzích a rušných ulicích Egypta. Připojte se k nám se 100 pečlivě vybranými recepty na cestě za kořením, vůněmi a chutěmi, které dělají z egyptského pouličního jídla kulinářský poklad.

Představte si pulzující trhy plné vůně grilovaného masa, rytmických zvuků prodejců vyvolávajících své nabídky a barevných ukázek koření a bylinek. "ULTIMÁTNÍ EGYPTSKÉ POULIČNÍ JÍDLO 2024" není jen kuchařka; je to pozvánka k prozkoumání autenticity a duše egyptské pouliční kuchyně. Ať už toužíte po teple koshari, syčení ta'ameya nebo sladkosti basbousy, tyto recepty jsou vytvořeny tak, aby vás přenesly do srdce egyptského kulinářského pouličního života.

Od ikonických klasik až po skryté drahokamy, každý recept je oslavou rozmanitosti a inovací, které se nacházejí v egyptském pouličním jídle. Ať už jste ostřílený kuchař, který si chce zopakovat zážitek z ulice, nebo dobrodružný domácí kuchař toužící objevovat nové chutě, tyto recepty jsou navrženy tak, aby do vaší kuchyně přinesly pulzujícího ducha egyptského pouličního jídla.

Připojte se k nám, když se ponoříme do bohaté tapisérie egyptských chutí, kde každé jídlo vypráví příběh tradice, komunity a radosti ze společného jídla. Shromážděte tedy koření, přijměte vůně a vydejte se na lahodnou cestu „ULTIMÁTNÍ EGYPTSKÉ POULIČNÍ JÍDLO 2024".

SNÍDANĚ

1. Krémová pšeničná cereálie [Bileela]

SLOŽENÍ:
- 1 šálek celozrnných bobulí, opláchnutých
- ⅓ šálku cukru nebo medu nebo podle chuti
- ½ šálku teplého mléka
- Hrst rozinek, chcete-li

INSTRUKCE:
a) Večer předem vložte celozrnné bobule do velké termosky a zalijte vroucí vodou. Druhý den ráno bude pšenice nafouknutá a křehká.
b) Podle potřeby vmíchejte cukr nebo med do pšenice a rozdělte do 4 cereálních misek.
c) Doplňte teplým mlékem a rozinkami, pokud používáte.

2. Vejce s rajčaty a sýrem Feta [Beid bil Gebna wa Tomatum]

SLOŽENÍ:
- 1 lžička expelerů lisovaného kukuřičného nebo olivového oleje
- 4 [¼ palce tlusté] plátky sýra feta
- 4 vejce
- 1 zralé rajče, nakrájené na kostičky
- Sůl podle chuti
- Čerstvě mletý černý pepř podle chuti

INSTRUKCE:
a) Ve velké pánvi na středním plameni rozehřejte olivový olej. Na pánev položte plátky fety několik centimetrů od sebe a nechte 2 minuty vařit.
b) Na každý plátek fety rozklepněte vajíčko a dochuťte solí a pepřem podle chuti. Každé vejce posypte kousky rajčat a vařte asi 10 minut, dokud vejce neztuhnou a sýr měkký. Podávejte teplé.

3.Jogurt s medem [Zabadi bil 'Asal]

SLOŽENÍ:
- 4 šálky kvalitního plnotučného čistého řeckého jogurtu
- 4 lžičky kvalitního medu

INSTRUKCE:
a) Jogurt rozdělte na čtyři ramekiny.
b) Každý doplňte 1 lžičkou medu a podávejte.

4. Sladké palačinky plněné ořechy [Atayef]

SLOŽENÍ:
TĚSTO NA palačinky:
- 1½ lžičky aktivního sušeného droždí
- 1½ lžičky cukru
- 2 šálky nebělené, univerzální mouky
- ⅛ lžičky soli

SIRUP:
- 1 hrnek cukru
- Šťáva z ½ citronu
- 3 proužky citronové kůry
- ½ lžičky vody z pomerančových květů
- ½ lžičky růžové vody

PLNICÍ:
- ¼ šálku blanšírovaných mandlí, mletých
- ¼ šálku vlašských ořechů, mletého řepkového oleje, na smažení

INSTRUKCE:
a) Příprava těsta: Smíchejte droždí s cukrem a ¼ šálku teplé vody. Míchejte, dokud se nerozpustí. Do velké mísy prosejeme mouku a sůl. Uprostřed udělejte studnu. Nalijte směs droždí a 1 ¼ šálku teplé vody. Směs šlehejte, dokud nevznikne hladké těsto. Zakryjte misku plastovým obalem a kuchyňskými utěrkami a umístěte na teplé místo bez průvanu. Nechte 1 hodinu kynout. Těsto je hotové, když je bublinkové.

b) Mezitím si připravte sirup: Smíchejte ¾ šálku vody s cukrem, citronovou šťávou a citronovou kůrou ve středním hrnci. Míchejte a vařte na středně vysokém ohni za častého míchání, dokud se cukr nerozpustí. Směs přiveďte k varu, přestaňte míchat a snižte teplotu na středně nízkou. Vařte 10 minut. Sundejte z plotny a dejte stranou vychladnout. Když sirup vychladne, vyjměte a vyhoďte citronovou kůru. Vmíchejte vodu z pomerančových květů a růžovou vodu.

c) Když je těsto hotové, zahřejte 2 lžíce řepkového oleje na velké pánvi. Pomocí dávkovače těsta nebo polévkové lžíce opatrně nalijte 1 polévkovou lžíci těsta do oleje a rozetřete, abyste vytvořili

4palcovou kulatou placku. Pokračujte s trochou zbývajícího těsta, nepřeplňujte pánev.
d) Když jsou vršky palačinek plné děr, odstraňte je špachtlí a položte na plech vyložený papírovou utěrkou vařenou stranou dolů. Po spotřebování veškerého těsta začněte plnit palačinky.
e) Smícháme mleté mandle a vlašské ořechy. Uchopte palačinku do dlaně levé ruky a naplňte ji 1 lžičkou ořechové směsi na neuvařenou stranu palačinky. Palačinku přeložte napůl a jemně zatlačte na samý konec okrajů, aby se uzavřel ve formě půlměsíce. [Dávejte pozor, abyste kolem okraje neudělali tlustou vyvýšeninu jako ravioli, jinak by se atayef smažil nerovnoměrně.] Naplněné palačinky položte na talíř a pokračujte v plnění a uzavírání zbývajících palačinek.
f) Ve velké pánvi rozehřejte 2 palce oleje. Když je olej rozpálený, smažte naplněné palačinky 2 minuty z každé strany nebo dozlatova. Vyjměte palačinky a položte na talíř vyložený papírovými utěrkami. Ještě teplé položte palačinky na servírovací talíř a zalijte je sirupem.
g) Nechte dostatečně vychladnout, aby se dalo manipulovat a podávejte teplé.

5.Barevná vejce [Baid Mil'on]

SLOŽENÍ:
- 6 bílých vajec
- Slupka ze 2 žlutých cibulí
- Slupka ze 3 červených cibulí

INSTRUKCE:
a) Do hrnce dejte 3 vejce, zalijte vodou a přidejte slupky žluté cibule.
b) Zbývající 3 vejce dejte do samostatného hrnce, zalijte vodou a přidejte slupky červené cibule. Oba hrnce přiveďte k varu na vysokou teplotu, snižte teplotu na minimum a odkryté vařte 20 minut.
c) Nechte vejce stát ve vodě po dobu 1 hodiny; sceďte, nechte vychladnout a podávejte nebo chlaďte.

6.Balila [snídaňová mísa s cizrnou]

SLOŽENÍ:
- 2 plechovky [15 uncí každá] cizrny, okapané a propláchnuté
- 2 stroužky česneku, mleté
- 1/4 šálku olivového oleje
- 1 lžička mletého kmínu
- Sůl a pepř na dochucení
- Nakrájená čerstvá petrželka na ozdobu
- Klínky citronu k podávání

INSTRUKCE:
a) Na pánvi orestujte na olivovém oleji prolisovaný česnek, dokud nebude voňavý.
b) Přidejte cizrnu, kmín, sůl a pepř. Vařte, dokud se nezahřeje.
c) Ozdobte nasekanou petrželkou a podávejte s měsíčky citronu.

CHLÉB

7.Tradiční Qurban chléb [Aish Qurban]

SLOŽENÍ:
- 2¼ lžičky aktivního sušeného droždí
- 1 lžička cukru
- Špetka soli
- 3 hrnky chlebové mouky
- 1 lžíce extra panenského olivového oleje

INSTRUKCE:
a) 2 plechy vyložte pečicím papírem. Droždí a cukr rozpusťte v ½ šálku vlažné vody. Sůl a mouku prosejeme a uprostřed uděláme důlek. Přidejte droždí a další ½ šálku vody [nebo tolik, aby vzniklo homogenní těsto].
b) Těsto rozdělte na 4 stejné části a vytvarujte kulaté ploché bochánky o průměru 4 [4,5 palce]. Na každou pánev položte 2 bochníky a nechte je několik centimetrů od sebe, aby měl prostor kynout. Bochníky přikryjeme kuchyňskou utěrkou a necháme 1 hodinu kynout na teplém místě bez průvanu.
c) Předehřejte troubu na 400 stupňů F. Když chléb vykyne, vytvořte požadovaný design na vrcholu ostrým nožem a potřete povrchy olivovým olejem. Pečte 20 minut nebo do světle zlaté barvy. Necháme mírně vychladnout, ale podáváme teplé.

8. Bílý pita chléb [Aish Shammi]

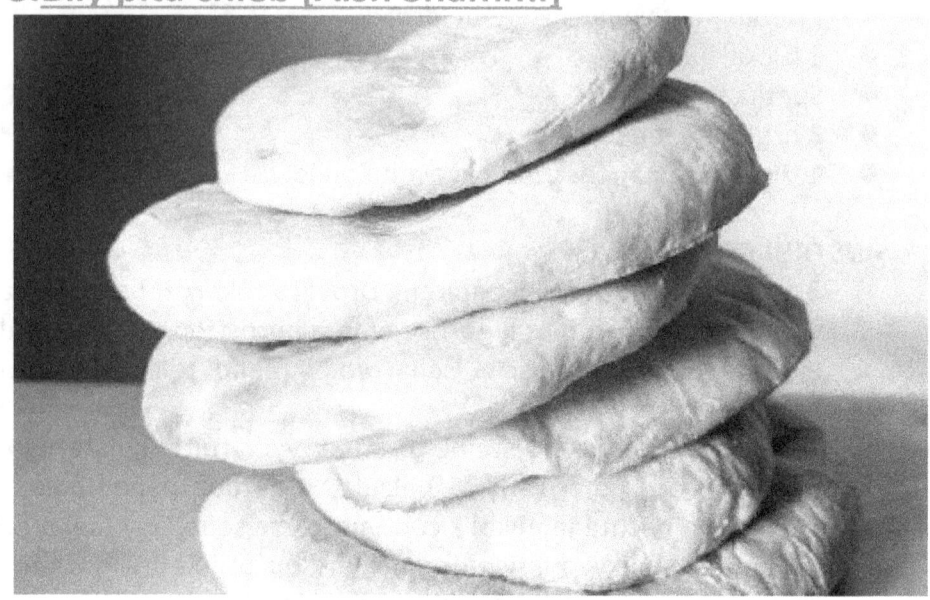

SLOŽENÍ:
- 2 polévkové lžíce aktivního suchého droždí
- 1 lžíce soli
- 7 šálků nebělené, víceúčelové mouky
- 2 lžíce extra panenského olivového oleje

INSTRUKCE:
a) Nalijte 2 ¼ šálků teplé vody do velké mísy. Přidejte droždí a míchejte, dokud se nerozpustí. Přidejte sůl a postupně zapracujte mouku, abyste vytvořili těsto. Vyklopte na lehce pomoučněnou pracovní plochu a hněťte 10 minut, dokud nebude hladká a pružná, nebo vložte do mísy elektrického mixéru s hákovým nástavcem a hněťte při střední rychlosti 2 minuty. Nalijte olej do velké mísy a vložte těsto dovnitř mísy a otočte, aby se obalilo. Přikryjte kuchyňskou utěrkou a nechte kynout, dokud nezdvojnásobí objem, asi 1½ až 2 hodiny.

b) Když těsto vykyne, jemně ho protlačte. Těsto rozdělte na 13 stejných dílů a tvarujte kuličky. Položte na lehce pomoučněnou plochu a přikryjte suchou kuchyňskou utěrkou. Necháme 15 minut odpočinout.

c) Předehřejte troubu na 475 stupňů F. Umístěte pečicí kámen nebo plech do nejnižší části trouby. Rozválejte každou kouli těsta tak, aby vytvořila kruh o průměru 6 palců.

d) Umístěte 3 kolečka na předehřátý plech a pečte přibližně 12 minut, dokud se nenafouknou a nezačnou se barvit.

e) Během prvních 4 minut pečení neotevírejte troubu. Odstraňte kovovou špachtlí nebo slupkou na pizzu a vložte do košíku na chleba nebo na servírovací talíř. Opakujte se zbývajícími kruhy těsta, dokud nejsou všechny uvařené.

f) Další pita chleby vložte do plastových sáčků, pevně uzavřete a zmrazte, dokud není potřeba.

g) Rozmrazte při pokojové teplotě a znovu zahřejte pod brojlerem.

9.Beduínský chléb [Aish Bedawi]

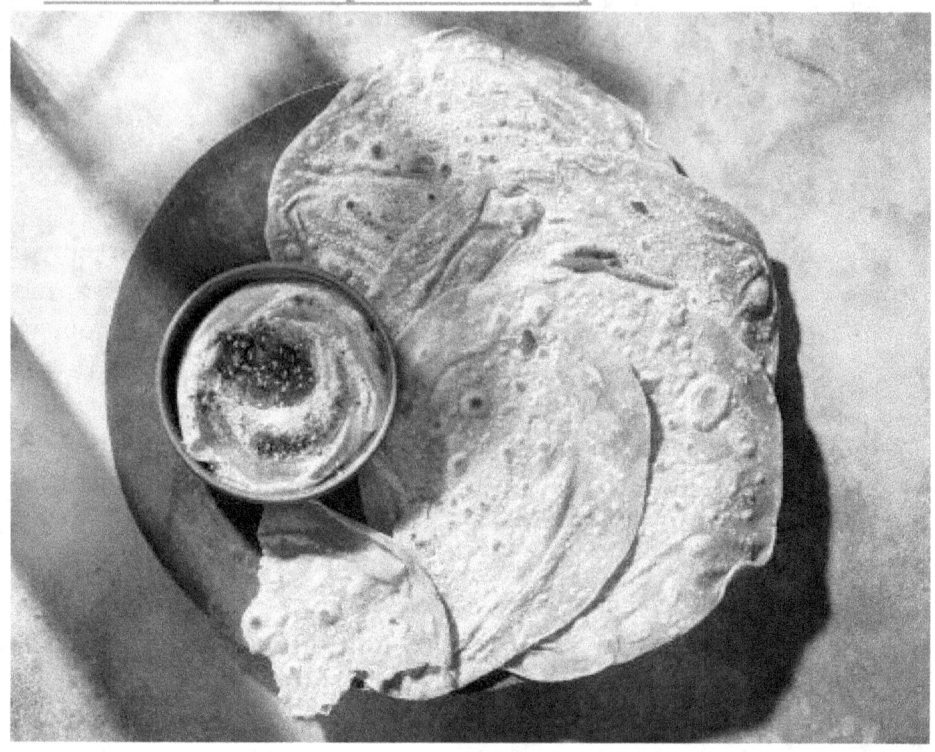

SLOŽENÍ:
- 1 hrnek celozrnné mouky
- 1 šálek nebělené, univerzální mouky, plus navíc na posypání pracovní plochy
- Špetka soli
- 5 lžic extra panenského olivového oleje nebo jiného oleje na vaření

INSTRUKCE:
a) Do velké mísy nasypte celozrnnou mouku a univerzální mouku. Vmíchejte sůl. Pomalu vmíchejte 1 šálek vlažné vody nebo tolik, aby vzniklo těsto. Vyklopte na lehce pomoučněnou plochu a těsto hněťte 5 minut, dokud nebude hladké a pružné. Necháme 10 minut odpočinout.
b) Těsto rozdělte na 5 stejných dílů. Na lehce pomoučené pracovní ploše pomocí lehce pomoučeného vále rozválejte každý kousek těsta, dokud nebude
c) velikost jídelního talíře. Každý z nich hoďte do vzduchu jako krustu na pizzu a položte na lehce pomoučený povrch, dokud nebudete připraveni k smažení.
d) Na pánvi dostatečně velké, aby se do ní vešel chléb, rozehřejte na středním plameni lžíci olivového oleje. Přidejte jeden z koleček těsta a opékejte 4 až 5 minut, dokud není vršek chleba bublinkový a pod ním lehce zlatavý. Opatrně otočte a pokračujte ve vaření dalších 4 až 5 minut. Přeneste na jídelní talíř. Zahřejte další lžíci olivového oleje a pokračujte ve smažení chlebů, mezi vařením každého chleba přidejte lžíci oleje, dokud není hotový. Podávejte teplé. Případné zbytky zabalte do igelitu a zmrazte.

10. Egyptský celozrnný chléb pita [Aish Baladi]

SLOŽENÍ:
- 1 šálek nezpracovaných otrub
- ¾ šálku nebělené víceúčelové mouky
- ¾ šálku celozrnné mouky
- 2 čajové lžičky aktivního suchého droždí
- ½ čajové lžičky olivového oleje, plus navíc na olejovací misku
- ¾ šálku vlažné vody
- ½ lžičky mořské soli nebo košer soli

INSTRUKCE:
a) Předehřejte troubu na 350 stupňů F. Umístěte otruby na plech a rozdrobte mezi prsty, aby byly jemnější. Pečte 5 až 10 minut, nebo dokud se otruby neopečou. Vyjměte z trouby a dejte stranou.
b) Smíchejte dohromady univerzální mouku, celozrnnou mouku na pečivo, ½ šálku opečených otrub, droždí, olivový olej, vodu a sůl ve velké míse nebo v míse připevněné ke stojícímu mixéru. Jakmile jsou ingredience zapracovány, hněteme těsto 20 minut ručně nebo 3 minuty stojícím mixérem pomocí háku na střední rychlost. Těsto dejte do olejem vymazané mísy a nechte 45 minut odpočívat, odkryté.
c) Posypte čistou pracovní plochu a dva velké plechy na pečení další ½ šálku otrub. Z těsta rukama vytvarujte rovnoměrný váleček a nakrájejte ho na 5 stejných dílů. Každý kousek vytvarujte rukama do plochého 6palcového kruhu nebo válečkem vyválejte na 5 kulatých pita chlebů. Na každý plech položte 2 nebo 3 pity a před pečením nechte 30 minut odpočinout.
d) Předehřejte brojler v troubě. Umístěte chléb pod brojler a pečte 2 až 3 minuty z každé strany, dokud nenafoukne a nezezlátne. Podávejte teplé.
e) Ještě teplý chléb vložte do plastového sáčku a uzavřete, aby nevyschl.

11. Núbijský chléb [Aish Nubi / Maltoud]

SLOŽENÍ:
- 2 lžičky expeleru lisovaného kukuřičného oleje
- 6 šálků nebělené chlebové mouky nebo jiného druhu mouky
- 2 lžičky soli
- 1 lžička prášku do pečiva
- 1 lžíce aktivního suchého droždí

INSTRUKCE:
a) Plech na pečení lehce vymažte 1 lžičkou kukuřičného oleje. Smíchejte mouku, sůl a prášek do pečiva ve velké míse. Smíchejte droždí s ⅔ šálku vlažné vody a míchejte, dokud se nerozpustí. Vlijte do moučné směsi a míchejte, aby se spojila. Vmíchejte 1⅔ šálku vody a promíchejte na pevné těsto. [Úroveň vlhkosti ve vašem domě ovlivní poměr mouky a vody. Pokud se vám těsto zdá příliš suché, přidejte více vody, po troškách; pokud se vám těsto zdá příliš sypké, přidejte mouku po troškách, dokud nezískáte tuhé těsto.]

b) Pracovní plochu lehce poprašte moukou a těsto hněťte 10 minut, nebo dokud nebude hladké a pružné. Velkou mísu potřete zbývající lžičkou oleje, vložte dovnitř těsto a otočte, aby se obalilo. Zakryjte lehce naolejovanou průhlednou plastovou fólií, poklicí nebo kuchyňskou utěrkou a nechte kynout na teplém místě bez průvanu 1 hodinu nebo do zdvojnásobení objemu.

c) Po vykynutí těsto vyklopte na lehce pomoučněnou pracovní plochu a vytvarujte do 7 palců široký kruh. Pomocí ruky uchopte horní část těsta ve středu kruhu, mírně jej vytáhněte a otočte, abyste vytvořili 3palcový knoflík na vrcholu středu těsta. Přendejte na plech a přikryjte obrácenou mísou. Nechte kynout další hodinu.

d) Předehřejte troubu na 425 stupňů F a pečte chléb přibližně 35 až 40 minut, nebo dokud nebude lehce zlatavý a při poklepání nebude znít dutě. Ochlaďte na mřížce.

12. Eish Baladi [egyptský plochý chléb]

SLOŽENÍ:
- 4 hrnky celozrnné mouky
- 1 lžička soli
- 1 lžíce olivového oleje
- 1 1/2 šálku teplé vody

INSTRUKCE:
a) Ve velké míse smíchejte mouku a sůl.
b) Přidejte olivový olej a postupně přilévejte teplou vodu, hněteme, dokud nevznikne hladké těsto.
c) Těsto rozdělíme na kuličky a každou zploštíme do kulatého tvaru.
d) Vařte na horké pánvi nebo pánvi, dokud nenafoukne a nezhnědne.

STARTOVAČE

13. Trojúhelníky plněné hovězím chlebem [Sambusak bil Lahma]

SLOŽENÍ:
- 3 hrnky nebělené víceúčelové mouky plus navíc na posypání
- 1 lžíce aktivního suchého droždí
- 1 lžička soli
- 4½ šálků expelerů lisovaného kukuřičného oleje
- 1 libra mletého hovězího masa
- 1 cibule, oloupaná a nakrájená na kostičky
- 1 lžička mletého kmínu

INSTRUKCE:

a) Vložte mouku do velké mísy. Vmícháme droždí a sůl. Přidejte ½ šálku kukuřičného oleje a ½ šálku vlažné vody a dobře promíchejte, aby se vše spojilo. Pokračujte v míchání, dokud směs nevytvoří těsto. Pokud se vám směs zdá příliš lepivá, přidejte další lžíci mouky. Pokud se vám směs zdá příliš suchá, přidejte po lžících více vody. Jakmile těsto vznikne, rozdělte ho na 8 stejných dílů. Položte na lehce pomoučněnou pracovní plochu na teplém místě bez průvanu. Přikryjeme kuchyňskou utěrkou a necháme hodinu kynout.

b) Rozpalte velkou pánev na střední teplotu. Přidejte mleté hovězí maso, cibuli a kmín; vaříme za občasného míchání, dokud maso nezhnědne. Odstranit z

c) zahřejte a nechte vychladnout. [To lze provést den předem.]

d) Jakmile těsto vykyne, odstraňte kuchyňské utěrky. Lehce opraště pracovní plochu a váleček. Kousky těsta rozválejte na 4- až 5-palcové kruhy. Do středu každého kolečka dejte 2 lžíce masové směsi. Těsto přehneme na polovinu, aby bylo maso pokryto, a pomocí vidličky zatlačte na okraje, aby se uzavřelo.

e) Ve velké pánvi rozehřejte zbývající 4 šálky kukuřičného oleje. Smažte sambusak 3 až 5 minut z každé strany nebo dozlatova. Vyjměte z oleje děrovanou lžící a přeneste na talíř vyložený papírovými utěrkami. Podávejte horké.

14. Taameya [egyptský falafel]

SLOŽENÍ:
- 2 šálky sušených fava fazolí nebo cizrny, namočené přes noc
- 1 cibule, nakrájená
- 3 stroužky česneku, nasekané
- 1/4 šálku čerstvé petrželky, nasekané
- 1 lžička mletého kmínu
- Sůl a pepř na dochucení
- Rostlinný olej na smažení

INSTRUKCE:
a) Namočené fazole sceďte a propláchněte, poté smíchejte s cibulí, česnekem, petrželkou, kmínem, solí a pepřem.
b) Ze směsi tvarujte malé placičky.
c) Na pánvi rozehřejte olej a placičky smažte do zlatova.
d) Podáváme v pita chlebu s tahini omáčkou.

15. Hawawshi [egyptská pita plněná masem]

SLOŽENÍ:
- 1 lb mletého hovězího nebo jehněčího masa
- 1 cibule, nakrájená nadrobno
- 2 rajčata, nakrájená na kostičky
- 2 stroužky česneku, mleté
- 1 lžička mletého kmínu
- Sůl a pepř na dochucení
- Pita chléb

INSTRUKCE:
a) Na pánvi orestujte cibuli a česnek do změknutí.
b) Přidáme mleté maso a vaříme do zhnědnutí.
c) Přidejte rajčata, kmín, sůl a pepř a vařte, dokud směs nezhoustne.
d) Masovou směs naplňte do rozpůleného pita chleba a grilujte dokřupava.

16.Sladké lívance přelité sirupem [Lomut al Adi]

SLOŽENÍ:
SIRUP:
- ¾ šálku cukru
- Šťáva z 1 citronu

SLADKÉ LÍSTKY:
- 1⅛ lžičky aktivního suchého droždí smíchaného s 1 lžičkou cukru
- 2¼ šálků nebělené univerzální mouky
- 1 lžíce rýžové mouky
- 1 velké vejce, rozšlehané
- 1 lžíce přepuštěného másla[ghí]
- 4 šálky expelerů lisovaného kukuřičného oleje na smažení

INSTRUKCE:
a) Sirup připravíte tak, že do velkého hrnce dáte 1 šálek vody, cukr a citronovou šťávu. Míchejte a přiveďte k varu, odkryté, na středním ohni. Jakmile sirup začne vřít, snižte teplotu na minimum, přerušte míchání a vařte 10 minut. Sundejte z plotny a dejte stranou vychladnout.

b) Sladké lívanečky připravte rozpuštěním droždí ve ¼ šálku vlažné vody v malé misce. Nechte 15 minut odpočinout, nebo dokud nebude bublat a zdvojnásobí svůj objem [toto se nazývá kynutí kvásku].

c) Ve velké míse smíchejte univerzální mouku, rýžovou mouku, vykynutý droždí, vejce a přepuštěné máslo s 1¾ šálku vody. Dobře promíchejte, aby se spojily, poté šlehejte, abyste odstranili hrudky. Směs by měla připomínat těsto na palačinky. Pokud se vám těsto zdá příliš husté, přidejte další vodu, polévkovou lžíci, dokud nebude hladké. Pokud se vám těsto zdá příliš řídké, přidejte další mouku po lžících, dokud nebude hladké.

d) Těsto přikryjte čistou kuchyňskou utěrkou a poté celou mísu zabalte do čisté utěrky. Nechte na teplém místě bez průvanu 2 hodiny nebo dokud těsto nezvětší a nezdvojnásobí svůj objem.

e) Když je těsto hotové, rozehřejte 4 šálky oleje na velké široké pánvi. Pomocí dvou lžiček vytvarujte vrchovatou lžičku těsta do oválu a jednou lžičkou ovál odtlačte. Opakujte se zbývajícím těstem.

f) Když olej dosáhne teploty 350 až 365 stupňů F, opatrně vhoďte malé kuličky do horkého oleje [můžete se rozhodnout nosit rukavice na pečení]. Smažíme 2 až 3 minuty z každé strany, dokud nezezlátne. Odstraňte děrovanou lžící na talíř vyložený papírovými utěrkami. Opakujte, dokud nespotřebujete všechno těsto.

g) Opatrně vložte lívance do rezervovaného citronového sirupu, jemně otočte, aby se obalil, a vyjměte na servírovací talíř. Opakujte, dokud nejsou všechny lívance potažené.

17. Egyptský Fava Falafel [T'amaya]

SLOŽENÍ:

- 1 šálek oloupaných sušených fava fazolí [široké fazole], namočených přes noc ve vodě a poté scezených
- ¼ šálku čerstvých koprových listů
- ¼ šálku čerstvých listů koriandru
- ¼ šálku čerstvé petrželové natě
- 1 malá žlutá cibule, nakrájená na kostičky
- 8 stroužků česneku, nasekaných
- 1 lžička mletého kmínu
- 1 lžička mletého koriandru
- Špetka kajenského pepře
- Sůl
- Čerstvě mletý černý pepř
- 1 lžička prášku do pečiva
- Expeler lisovaný kukuřičný olej, na smažení
- ¼ šálku bílých sezamových semínek

INSTRUKCE:
a) Vložte fazole, kopr, koriandr, petržel, cibuli a česnek do kuchyňského robotu a mixujte, dokud nevznikne hladká pasta. Smíchejte v ½ šálku vody [nebo tolik, aby byla směs mokrá a sypká – měla by připomínat tloušťku tenké pasty].
b) Přidejte kmín, koriandr, kajenský pepř a trochu soli a pepře podle chuti. Vmíchejte prášek do pečiva a promíchejte, aby se zapracoval. Směs nalijte do misky a nechte 1 hodinu stát při pokojové teplotě.
c) Nalijte 3 palce kukuřičného oleje do velké pánve na střední teplotu. Když je olej dostatečně rozpálený na to, aby se dal smažit, kousek chleba v něm ponořený zezlátne a okamžitě vyplave nahoru. Pomocí dvou lžiček naberte vrchovatou lžičku pasty do jedné lžíce a druhou lžičkou ji opatrně odtlačte, abyste v oleji vytvořili kulatou placičku. Opakujte proces, dokud není pánev plná, mezi každým falafelem ponechejte ½ palce mezeru.
d) Zatímco se falafel vaří, posypte nevařené strany několika sezamovými semínky. Smažte, dokud nebude falafel tmavě zlatohnědý, přibližně 5 minut; otočte a opékejte ostatní strany, dokud nebudou mít stejnou barvu. Vyložte talíř papírovými utěrkami.
e) Pomocí děrované lžíce vyjměte falafel z oleje a nechte okapat na papírových utěrkách. Opakujte se zbývajícím těstem.
f) Podávejte teplé s omáčkou Tahini.

18. Krokety z červené čočky [Koftat Ads Ahmar]

SLOŽENÍ:
- 2 mrkve, oloupané a nakrájené nadrobno
- 1¼ šálku nakrájené červené čočky
- 1 žlutá cibule, nakrájená nadrobno
- 2 stroužky česneku, mleté
- ½ lžičky mleté skořice
- ½ lžičky papriky
- ¼ lžičky mletého muškátového oříšku
- 1 lžička mletého kmínu
- Šťáva z 1 citronu
- 2 lžíce nasekaných nesolených arašídů
- ½ šálku univerzální mouky
- 1 lžička mleté kurkumy
- 1 šálek expelerů lisovaný kukuřičný olej Sůl

INSTRUKCE:

a) Vložte mrkev, čočku, cibuli, česnek, skořici, papriku, muškátový oříšek, kmín, citronovou šťávu, arašídy a 2½ šálku vody do velkého hrnce na vysokou teplotu. Přiveďte k varu a poté snižte teplotu na minimum. Přikryté dusíme 30

b) minut nebo dokud se všechna kapalina neodpaří. Sundejte teplo a odstavte, dokud nevychladne natolik, aby se dal zvládnout.

c) Na malém talíři smícháme mouku a kurkumu. Ruce lehce poprašte moukou a z čočkové směsi vytvarujte 16 [3palcové] oválky. Čočkové krokety opatrně vmíchejte do moučné směsi, aby se obalily.

d) Ve velké pánvi rozehřejte olej na středně vysokou teplotu. Když je olej horký, opatrně ponořte některé krokety do horkého oleje a dávejte pozor, abyste nezaplnili pánev. Smažte asi 10 minut z každé strany nebo dokud nebudou tmavě zlaté. Krokety vyjměte z oleje děrovanou lžící a položte na talíř vyložený papírovými utěrkami.

e) Podle chuti posypte solí. Opakujte se zbývajícími kroketami. Podávejte teplé.

19. Maso a bulgur pšeničné prsty [Kibbeeba]

SLOŽENÍ:
SHELL:
- 1⅓ šálku jemného bulguru
- ½ libry mletého jehněčího nebo hovězího masa
- 1 červená chilli papřička, zbavená semínek a nasekaná
- 1 středně žlutá cibule, hrubě nakrájená Sůl podle chuti
- Čerstvě mletý černý pepř podle chuti

NÁDIVKA:
- 2 lžíce olivového oleje
- 1 středně žlutá cibule, nakrájená nadrobno
- ¼ šálku piniových oříšků
- ½ libry mletého jehněčího nebo hovězího masa
- ¼ lžičky mletého muškátového oříšku
- ½ lžičky mleté skořice
- ¼ lžičky papriky
- 1 lžička mletého kmínu
- 4 lžíce čerstvého koriandru nebo petrželky, jemně nasekané
- Expelerový lisovaný kukuřičný olej nebo světlicový olej na smažení

INSTRUKCE:
a) Příprava skořápky: Vložte bulgur do střední misky a zalijte 2 šálky studené vody. Namočte 15 minut, dobře sceďte a vraťte do mísy. Bulgur, mleté hovězí nebo jehněčí maso, červené chilli, cibuli, sůl a pepř vložte do kuchyňského robotu. Pulsujte a vypněte, dokud směs nevytvoří pastu.

b) Příprava náplně: Ve velké pánvi na středním plameni rozehřejte olivový olej. Smažte cibuli, dokud nebude průhledná, asi 3 až 5 minut. Přidejte piniové oříšky, dobře promíchejte a vařte 5 minut. Přidejte maso, muškátový oříšek, skořici, papriku a kmín a opékejte maso, dokud není hnědé. Vmíchejte koriandr nebo petržel a nechte stranou, dokud nevychladne. Ochutnejte a v případě potřeby upravte přidáním soli.

c) Lžící naneste směs skořápek z kuchyňského robota na pracovní plochu. Rukama ze směsi vytvarujte plochý kulatý koláč o průměru asi 8 palců. Dort nakrájejte na 13 stejně velkých klínků. Každý klín zploštěte dlaní [měly by připomínat palačinky].

d) Doprostřed kolečka dejte 1 lžičku nádivkové směsi. Poté přiklopte boky, aby pokryly veškerou náplň. Vyválejte ho do tvaru vejce, ujistěte se, že nádivka zůstane skrytá. Opakujte se zbývajícími 12 kusy.
e) Zahřejte 2 palce oleje na vaření na středním plameni ve velké hluboké pánvi.
f) Když je olej horký, opatrně ponořte kibbébu do oleje. Dávejte pozor, abyste nezaplnili pánev – možná budete muset pracovat v dávkách; mezi nimi by měl být alespoň palec mezery. Smažte kibbeebu na jedné straně po dobu 3 až 5 minut, dokud nebude zlatohnědá. Otočte je a vařte stejně dlouho na druhé straně.
g) Pomocí děrované lžíce vyjměte kibbébu na talíř vyložený papírovými utěrkami. Pokud chcete, posypte solí a pokračujte ve smažení zbytku kibbéby.
h) Podávejte teplé nebo při pokojové teplotě.

20. Sladké lívanečky s citronovým sirupem [Balahe Sham]

SLOŽENÍ:
CITRONOVÝ SIRUP:
- 2 hrnky cukru
- 3 proužky citronové kůry
- Šťáva z ½ citronu

SLADKÉ LÍSTKY:
- 1 šálek expelerů lisovaného kukuřičného oleje a navíc na smažení
- 2¼ šálku nebělené, univerzální mouky
- 1 lžíce cukru
- ½ lžičky soli
- 2 žloutky
- 1 lžička vanilkového extraktu

INSTRUKCE:
a) Sirup připravte smícháním cukru, citronové kůry, citronové šťávy a ¾ šálku vody ve středním hrnci. Pomalu mícháme a na středním plameni přivedeme k varu. Jakmile se směs dostane k varu a cukr se rozpustí, přestaňte míchat a snižte teplotu na minimum. Vařte 10 minut a poté stáhněte z plotny a nechte vychladnout. Citronovou kůru vyhoďte a dejte stranou. [To lze provést až 1 měsíc předem; zakryjte a uložte do lednice.]
b) Přiveďte 2 šálky vody a oleje k varu na vysoké teplotě. Snižte teplotu na minimum a opatrně vmíchejte mouku, cukr a sůl. Pokračujte v míchání, dokud se ingredience nespojí a nezačne tvořit těsto, které se odlepuje od stěn formy. Dejte stranou vychladnout.
c) Když má těsto pokojovou teplotu, vmíchejte do něj žloutky, jeden po druhém, a vanilku.
d) Těsto nandejte do cukrářského sáčku s velkým hvězdicovým nástavcem. Těsto zatlačte směrem dolů a otočte horní část sáčku tak, aby zůstal kompaktní.
e) Nalijte sirup do velké mělké mísy a postavte poblíž oblasti smažení. Umístěte děrovanou drátěnou lžíci, stěrku, další velkou mísu s cedníkem a nůž blízko místa na smažení spolu s naplněným cukrářským sáčkem. Zahřejte 2 palce kukuřičného oleje ve velké široké pánvi na středně vysokou teplotu.

f) Jednou rukou držte cukrářský sáček zcela kolmo nad horkým olejem, vytlačte ze sáčku 3palcové poleno a rychle přejeďte nožem nebo špachtlí po špičce sáčku, aby se uvolnilo do horkého oleje. Pracujte rychle a pokračujte v přidávání těstových špalků, dokud nebudete mít v oleji asi 10 stejně velkých špalků najednou. Děrovanou drátěnou lžící opatrně otáčejte polena, aby se zajistilo rovnoměrné zhnědnutí, a vařte, dokud nejsou tmavě zlaté. [To by mělo trvat 2 až 4 minuty, pokud to trvá déle, mírně zvyšte teplotu; pokud se smaží příliš rychle, mírně snižte teplotu.] Pomocí děrované lžíce vyjměte polena z oleje a jemně setřeste přebytečný olej. Nakapejte je do sirupu a další lžící je otočte, aby se rovnoměrně obalily.
g) Vložte je do cedníku, aby odkapaly. Postup opakujte, pracujte po dávkách, dokud nespotřebujete všechno těsto.
h) Podávejte teplé.

21. Smíšený ořechový talíř [Tabaa M'kassarat]

SLOŽENÍ:
- ¼ libry pistácií
- ¼ libry vlašských ořechů
- ¼ libry pražených solených mandlí
- ¼ libry solených arašídů
- ¼ libry solených dýňových semínek

INSTRUKCE:
a) Umístěte pistácie, vlašské ořechy, mandle, arašídy a dýňová semínka do jednotlivých kopečků na servírovací talíř.

22. Fava Bean Puree [Fuul Medammes]

SLOŽENÍ:
- 2 lžičky extra panenského olivového oleje
- 1 [15-uncová] plechovka vařených fava fazolí [fuul medammes] se šťávou
- 1 lžička mletého kmínu
- ⅛ lžičky soli
- Čerstvě mletý černý pepř
- Šťáva z 1 citronu
- Pita chléb, k podávání

INSTRUKCE:
a) Zahřejte 1 lžičku olivového oleje na střední pánvi na středně nízké teplotě.
b) Přidejte fazole a šťávu z plechovky, kmín, sůl a trochu pepře a dobře promíchejte, aby se spojily.
c) Vařte 5 minut nebo dokud se většina tekutiny nevstřebá.
d) Snižte teplotu na minimum a fazole lehce rozmačkejte vidličkou nebo šťouchadlem na brambory a vmíchejte citronovou šťávu.
e) Směs fava nandejte na servírovací talíř. Uprostřed udělejte důlek a nakapejte do něj zbývající 1 lžičku olivového oleje. Podávejte s pita chlebem.

23. Phyllo trojúhelníky plněné jehněčím [Sambusak bil Lahma Dani]

SLOŽENÍ:
- ½ libry mletého jehněčího, dobře opláchnutého a okapaného
- 1 malá žlutá cibule, nastrouhaná
- ½ lžičky mletého kmínu
- ½ lžičky mleté skořice
- ½ lžičky mletého muškátového oříšku
- ½ lžičky papriky
- Sůl podle chuti
- Čerstvě mletý černý pepř podle chuti
- 9 listů phyllo těsta [18 x 14 palců], rozmražených podle návodu na obalu
- ⅓ šálku přepuštěného másla [ghí]

INSTRUKCE:
a) Udělejte jehněčí NÁPLŇ: Rozpalte velkou pánev na střední teplotu. Přidejte mleté jehněčí maso, cibuli, kmín, skořici, muškátový oříšek a papriku. Směs vařte za občasného míchání, dokud maso nezhnědne. Dochutíme solí a pepřem podle chuti, dobře promícháme, aby se zapracovalo. Směs se nechá vychladnout na pokojovou teplotu. [Náplň může být vyrobena den předem a chlazena.]
b) Předehřejte troubu na 350 stupňů F. Vyložte 2 plechy pečicím papírem nebo silikonovými vložkami.
c) Otevřete listy phyllo a rozložte je na pracovní plochu dlouhou stranou směrem k vám. Navrstvěte tři pláty na sebe, horní potřete přepuštěným máslem, aby byl pokryt. Odřízněte 5 stejných proužků [shora dolů] po délce obdélníku. Navrch každého proužku dejte jednu čajovou lžičku jehněčí směsi. Fyllo přehneme přes náplň na diagonále. Pokračujte ve skládání phyllo způsobem skládání vlajky do trojúhelníku. Pokračujte se zbývajícím phyllo a náplní.
d) Na připravené plechy položte trojúhelníky. Vršky každého trojúhelníku potřete přepuštěným máslem. Pečte 20 až 25 minut nebo dozlatova. Podávejte teplé nebo při pokojové teplotě.

24. Slané phyllo pečivo s masem [guláš bi Lahma]

SLOŽENÍ:
- 1 lžíce nesoleného másla
- 1 malá žlutá cibule, nakrájená na kostičky
- 1 libra mletého hovězího masa
- ¼ lžičky mletého muškátového oříšku
- ½ lžičky mletého kmínu
- ¼ lžičky mleté skořice
- ¼ lžičky papriky
- Sůl podle chuti
- Čerstvě mletý černý pepř podle chuti
- 1 balení fylo těsta, rozmražené při pokojové teplotě po dobu 2 hodin
- 1 šálek přepuštěného másla [ghí]

INSTRUKCE:
a) Ve velké pánvi rozehřejte na středním plameni máslo. Přidejte cibuli a smažte, dokud nebude průhledná, asi 5 až 7 minut. Přidejte hovězí maso, vmíchejte muškátový oříšek, kmín, skořici a papriku a důkladně orestujte. Maso osolíme a osolíme
b) pepř podle chuti. Sundejte z plotny a dejte stranou vychladnout. [To lze provést den předem.]
c) Předehřejte troubu na 350 stupňů F. Otevřete krabici fylo těsta. Ostrým nožem ořízněte pláty phyllo tak, aby se vešly do pekáče o rozměrech 13x9x2 palce.
d) Na dno zapékací misky položte 1 plát a potřete přepuštěným máslem. Pokračujte ve skládání fylového těsta, každý plát máslem, dokud nespotřebujete ½ plátů. Dejte opečenou masovou směs na vrchol phyllo a rozprostřete do rovnoměrné vrstvy, přičemž kolem okrajů nechte ½-palcový okraj.
e) Přikryjte dalším plátem phyllo, potřete máslem a pokračujte ve skládání a máslení, dokud všechny pláty phyllo nespotřebujete. Ostrým, zoubkovaným nožem nakrájejte phyllo na 24 čtverců [4 napříč a 6 podélně].
f) Vložte do trouby a pečte asi 45 minut nebo dozlatova.

25.Lilek pyré [Baba Ghanoug]

SLOŽENÍ:
- 2 lilky [každý 8 až 9 palců dlouhý]
- 2 lžíce tahini
- Sůl podle chuti
- Šťáva z 1 citronu
- Extra panenský olivový olej podle potřeby
- Špetka škumpy na ozdobu

INSTRUKCE:
a) Předehřejte brojlera. Lilky propíchejte vidličkou a dejte na plech. Grilujte 15 až 20 minut, jednou otočte, dokud lilky nezemnou puchýře a nespadnou. Nechte vychladnout. Oloupejte a vyjměte dužinu a dejte do cedníku, aby odkapal. Zatlačte dolů vidličkou, dokud neodstraníte veškerou tekutinu. Vložte lilek do střední mísy a rozmačkejte vidličkou, abyste ho nakrájeli na kousky, nebo lilek několikrát rozpulte v kuchyňském robotu – dejte pozor, abyste lilek nezpracovali příliš, neměl by být úplně hladký. .
b) Do lilku vidličkou vmíchejte tahini, sůl a citronovou šťávu. Přidejte olivový olej, polévkovou lžíci, dokud textura nepřipomíná křupavé arašídy
c) máslo. Množství potřebného olivového oleje bude záviset na obsahu vody a velikosti použitých lilků.
d) Položte lilkové pyré na hromádku na servírovací talíř. Uprostřed udělejte malou jamku a naplňte ji olivovým olejem. Posypeme škumpou. Podávejte při pokojové teplotě spolu s pita chlebem nebo crudités.

26. Macerované datle s meruňkami a rozinkami [Khoshaf]

SLOŽENÍ:
- 1 libra pevných sušených datlí, vypeckovaných
- ½ libry rozinek
- ½ kila sušených meruněk, nakrájených na malé kousky
- ¼ šálku cukru
- 1 lžička vody z pomerančových květů
- 1 lžička růžové vody

INSTRUKCE:
a) Dejte datle, rozinky a meruňky do velké mísy. Nalijte na ně 4 šálky vroucí vody. Vmíchejte cukr, vodu z pomerančových květů a růžovou vodu.
b) Nechte stát, dokud voda nedosáhne pokojové teploty a ovoce nezměkne.
c) Podávejte v malých hrncích nebo hrncích se lžičkou.

27. Lupina fazole [Termis]

SLOŽENÍ:
- 1 [16-uncová] sklenice Fazole vlčího bobu připravené ke konzumaci

INSTRUKCE:
a) Fazole lupiny namočte na jeden den do studené vody a poté sceďte.
b) Chcete-li jíst fazole vlčího bobu, držte je v ruce a vymačkejte fazole skrz skořápku. Snězte fazole a vyhoďte skořápku.

28. Phyllo trojúhelníky se sýrem [Sambousik bil Gebna]

SLOŽENÍ:
- 1 šálek kvalitního sýra feta, rozdrobeného a našlehaného do hladké konzistence
- 1 střední cibule, nastrouhaná
- Čerstvě mletý pepř
- Sůl podle chuti
- 9 listů těsta phyllo [18 x 14 palců], rozmražených
- ⅓ šálku přepuštěného másla [ghí]
- Špetka papriky

INSTRUKCE:
a) Předehřejte troubu na 350 stupňů F. Vyložte 2 plechy pečicím papírem nebo silikonovými vložkami.
b) Náplň připravíte spojením sýra feta a cibule ve střední misce. Dochuťte několika špetkami pepře. Dobře promícháme a směs ochutnáme. Vzhledem k obsahu soli v sýru nemusí směs sůl vůbec potřebovat. Pokud ano, dosolte podle chuti a dejte stranou.
c) Otevřete listy phyllo a rozložte je na pracovní plochu v obdélníkové poloze. Navrstvěte tři pláty na sebe, horní potřete přepuštěným máslem, aby byl pokryt. Odřízněte 5 stejných proužků [shora dolů] po délce obdélníku.
d) Navrch každého proužku dejte jednu lžičku sýrové směsi. Přehněte fyllo přes náplň na diagonále a pokračujte ve skládání fýlu způsobem skládání vlajky [nebo papírového fotbalu] do trojúhelníku. Pokračujte se zbývajícím phyllo a náplní. Vršky každého trojúhelníku potřete přepuštěným máslem.
e) Posypte paprikou a pečte 20 až 25 minut nebo dozlatova. Podávejte teplé nebo při pokojové teplotě.

29. Rozmanitý talíř s čerstvým ovocem [Tabaa Fakha Tazig]

SLOŽENÍ:
- 4 mandarinky, oloupané
- 6 velkých jahod
- 2 Gala jablka zbavená jádřinců a nakrájená na ¼-palcové klínky
- 2 zlatá jablka zbavená jádřinců a nakrájená na ¼-palcové klínky

INSTRUKCE:
a) Umístěte ubrousek na kulatý servírovací talíř. Celé mandarinky naaranžujte ve tvaru kříže do středu talíře.
b) Umístěte jahodu na střed každé mandarinky a jednu na stranu dvou mandarinek, které jsou na pravé a levé straně.
c) plátky gala jablka na levé straně talíře mezi jahodou a mandarinkou nahoře a dole.
d) Naskládejte zlaté plátky jablek na pravou stranu talíře mezi jahody a mandarinku nahoře a dole.

30. Sendviče s kuřecím chlebem pita [Shwarma bil Firakh]

SLOŽENÍ:
- 2 kila prsa bez kůže a kostí, nakrájená na dlouhé ½ palce široké kousky
- 1 lžička soli
- 1 lžička čerstvě mletého černého pepře
- Špetka chilli
- ¼ lžičky mletého muškátového oříšku
- 1 lžička mletého nového koření
- 1 lžička mletého kmínu
- Šťáva a nastrouhaná kůra z 1 citronu
- ⅛ šálku bílého octa
- ¼ šálku kukuřičného oleje
- 5 stroužků česneku, nasekaných
- 2 střední cibule, nakrájené

K PODÁVÁNÍ
- 6 kusů běžného pita chleba
- Egyptská pálivá omáčka, je-li to žádoucí
- Tahini omáčka
- Různé okurky nebo konzervované citrony

INSTRUKCE:
a) Smíchejte kuřecí plátky, sůl, pepř, chilli prášek, muškátový oříšek, nové koření, kmín, citronovou šťávu a kůru, bílý ocet, kukuřičný olej, stroužky česneku a cibuli ve velké mělké misce nebo misce. Promíchejte, aby se dobře promíchalo a obalte kuře. Zakryjte hliníkovou fólií a dejte na 24 hodin do chladničky.

b) Poté, co bylo kuře marinováno po dobu 24 hodin, předehřejte troubu na 425 stupňů F. Vyjměte kuře z chladničky a dobře vypusťte. Rozložte kuře v jedné vrstvě na plech. Pečte ve spodní části trouby 25 minut, jednou otočte. Ochutnejte kuře a v případě potřeby dochuťte.

c) Pita chleby nakrájejte na polovinu. Položte na plech a pečte v troubě asi 1 až 2 minuty. Vyjmeme z trouby a poklademe kuřecím masem.

d) Podávejte na talíři s malými miskami egyptské pálivé omáčky, tahini omáčkou a okurkou.

31. Pečená ryba s bylinkami a rajčaty [Samak Fee al Forn bi Tomatum]

SLOŽENÍ:
- 2 lžičky sušeného koriandru
- 4 stroužky česneku, nakrájené
- Šťáva z 1 citronu
- 2 lžičky mletého kmínu
- 1 celý [2 až 3 libry] mořský okoun nebo parmice, zbavený šupin a očištěný
- 2 lžíce olivového oleje
- 6 zralých rajčat, nakrájených na plátky
- 1 žlutá cibule, nakrájená na tenké plátky
- 1 citron, nakrájený na tenké plátky
- 1 lžíce nasekané čerstvé petrželky
- 1 lžíce nasekaného čerstvého koriandru
- 1 lžíce nasekané čerstvé máty
- Sůl
- Čerstvě mletý černý pepř

INSTRUKCE:
a) Předehřejte troubu na 425 stupňů F. V malé misce smíchejte koriandr, stroužky česneku, citronovou šťávu a kmín, aby se spojily.
b) Na obou stranách ryby udělejte 4 rovnoměrně rozložené diagonální lomítka. Rozložte česnekovou směs do dutiny a do řezů ryby.
c) Zapékací misku vymažte olivovým olejem. Vložte rybu do misky a otočte, aby se obalila v oleji. Po stranách ryby rozmístěte rajčata a cibuli.
d) Do rybí dutiny vložte plátky citronu, petržel, koriandr a mátu. Rybu ochutíme solí a čerstvě mletým pepřem.
e) Pečte 30 minut, nebo dokud ryba není neprůhledná a propečená; ryba je důkladně propečená, když se snadno loupe.
f) Podávejte teplé s plátky citronu.

HLAVNÍ CHOD

32. Krůta plněná rýží a masem [Deeq Rumi Meshi Ma Roz wa Lahma]

SLOŽENÍ:
- 3 lžíce expelerů lisovaného kukuřičného oleje
- ⅛ šálku loupaných mandlí
- ⅛ šálku rozinek
- ¼ libry mletého hovězího nebo jehněčího masa
- 1 malá cibule, nakrájená na kostičky
- 2 šálky egyptské nebo jiné krátkozrnné rýže
- 1 lžička soli
- ½ lžičky čerstvě mletého pepře
- 1 lžička mletého kmínu
- 1 lžička mletého koriandru
- ½ lžičky mleté skořice
- 1 mrkev, hrubě nakrájená
- 1 pórek, hrubě nakrájený
- 1 řapíkatý celer, hrubě nakrájený
- 1 celá krůta [10 až 12 liber], dobře vyčištěná a opláchnutá, droby vyhrazeny pro jiné použití
- 1 šálek rajčatového protlaku

INSTRUKCE:
a) Předehřejte troubu na 375 stupňů F.
b) Zahřejte 1 lžíci kukuřičného oleje ve velkém hrnci na střední teplotu. Přidejte mandle a rozinky a opékejte 1 minutu, nebo dokud mandle nezezlátnou a rozinky nezvednou. Vyjměte děrovanou lžící a dejte stranou.
c) Do stejného hrnce přidejte maso a cibuli a vařte, dokud maso nezhnědne. Vmíchejte rýži, opékejte 1 minutu nebo do zmatnění. Přidejte 3 ½ šálků vody, promíchejte a zvyšte teplotu na vysokou.
d) Jakmile se směs začne vařit, stáhněte plamen na minimum a dochuťte solí a čerstvě mletým pepřem. Přikryjte a vařte asi 15 minut nebo dokud se všechna voda nevstřebá.
e) Nasypte rýžovou směs do velké mísy a vmíchejte mandle, rozinky, kmín, koriandr a skořici.
f) Vymažte pekáč o rozměrech 9 x 13 palců nebo pekáč s víkem zbývajícími 2 lžícemi kukuřičného oleje. Na dno pánve dejte kousky mrkve, pórku a celeru.

g) Vložte krůtí prsy nahoru do pánve a otočte, aby se potřely olejem. Do prohlubně dejte rýžovou směs a nohy zajistěte řeznickým provázkem. Krůtí maso přelijeme rajčatovým protlakem.
h) Dochuťte solí a čerstvě mletým pepřem.
i) Zakryjte hliníkovou fólií nebo víkem a pečte 3½ až 4 hodiny nebo dokud není krůta hotová, každých 30 minut krůtu podlévejte.

33. Pečená jehněčí kýta s bramborami [Fakhda Mashwiya bil Batatas]

SLOŽENÍ:
- 1 [5librová] jehněčí kýta
- 1 hlava česneku, oloupaná a nakrájená na plátky
- Sůl podle chuti
- 3 lžíce sušené máty
- Čerstvě mletý černý pepř podle chuti
- 2 šálky kuřecího vývaru nebo vody
- 8 středních brambor Yukon Gold, oloupaných a nakrájených na čtvrtky
- Šťáva z 1 citronu
- 2 velké žluté cibule, nakrájené na kroužky
- 3 lžíce expelerů lisovaného kukuřičného oleje
- 2 velká rajčata, nakrájená popř
- ½ šálku nakrájených konzervovaných rajčat
- 2 tyčinky skořice

INSTRUKCE:
a) Předehřejte troubu na 350 stupňů F.
b) Párovacím nožem udělejte 1-palcové zářezy na různých místech jehněčí kýty. Do štěrbin v jehněčím vložíme plátky česneku. Vetřete do jehněčí kýty trochu soli, máty a pepře. Vložte jehněčí maso do velkého pekáče. Do pánve nalijte 1 šálek kuřecího vývaru nebo vody. Pečte 1 hodinu odkryté a každých 20 minut podlévejte.
c) Přidejte brambory do pánve. Brambory a jehněčí maso zalijeme citronovou šťávou a dochutíme solí a pepřem. Na jehněčí položte kolečka cibule. Cibuli a brambory pokapejte kukuřičným olejem. Rozložte rajčata po stranách pánve. Do pánve přidejte tyčinky skořice a zbývající 1 šálek vývaru. Vraťte do trouby a pečte odkryté další 2 hodiny, podlévejte každých 20 minut, dokud jehněčí odpadá od kosti a brambory nezměknou.
d) Vyjměte z trouby a přikryjte pánev víkem nebo hliníkovou fólií. Před vykrajováním nechte jehněčí maso 10 minut odstát při pokojové teplotě. Do servírovací mísy nandejte rajčata a brambory. Vyjměte a vyhoďte tyčinky skořice. Na servírovací talíř položte jehněčí maso a nakrájejte. Podávejte teplé.

34. Ful Medames [Fava fazolový guláš]

SLOŽENÍ:
- 2 šálky sušených fava fazolí
- 4 šálky vody
- 3 stroužky česneku, nasekané
- 1/4 šálku olivového oleje
- Sůl podle chuti
- Volitelné ozdoby: nakrájená rajčata, cibule a petržel

INSTRUKCE:
a) Namočte fava fazole přes noc ve vodě.
b) Fazole uvaříme v hrnci s vodou do měkka.
c) V samostatné pánvi orestujte na olivovém oleji prolisovaný česnek dozlatova.
d) Do pánve přidáme uvařené fazole, mírně rozmačkáme a dochutíme solí.
e) Podávejte horké, ozdobené rajčaty, cibulí a petrželkou.

35.Koshari [egyptský pokrm z čočky a rýže]

SLOŽENÍ:
- 1 hrnek hnědé čočky
- 1 šálek rýže
- 1 šálek malých těstovin [makarony nebo nudle]
- 1 plechovka cizrny, okapaná
- 1 velká cibule, nakrájená na tenké plátky
- 3 stroužky česneku, nasekané
- 2 lžíce rostlinného oleje
- 1 lžička mletého kmínu
- 1 lžička mletého koriandru
- Sůl a pepř na dochucení
- Rajčatová omáčka k podávání

INSTRUKCE:
a) Čočku a rýži uvařte zvlášť podle návodu na obalu.
b) Těstoviny uvaříme do al dente, poté scedíme.
c) Na pánvi orestujte cibuli do zlatova, přidejte česnek, kmín, koriandr, sůl a pepř.
d) Navrstvěte čočku, rýži, těstoviny a cizrnu. Navrch dáme cibulovou směs a podáváme s rajčatovou omáčkou.

36. Kastrol z telecího masa, rýže a toastového chleba
[Fattah bil Bitello]

SLOŽENÍ:
- 2 libry kostek telecí plece bez kostí
- 1 velká cibule
- 1 lžička soli
- ½ lžičky čerstvě mletého černého pepře
- ½ lžičky mleté skořice
- ½ lžičky mletého muškátového oříšku
- ½ lžičky papriky
- 2 pita chleby, nakrájené na 1-palcové čtverce
- ¼ šálku přepuštěného másla [ghí]
- ¼ šálku destilovaného bílého octa
- 13 stroužků česneku, oloupaných a nasekaných
- 1 lžička sušeného koriandru
- 2 šálky připravené egyptské rýže
- 4 lžíce najemno nasekané čerstvé petrželky
- Horká omáčka, k podávání

INSTRUKCE:

a) Do velkého hrnce dejte telecí kostky, cibuli, sůl, pepř, skořici, muškátový oříšek a papriku. Zalijeme vodou a na prudkém ohni přivedeme k varu. Snižte teplotu na středně nízkou, přikryjte a vařte, dokud telecí maso nezměkne. Ochutnejte a v případě potřeby dosolte.

b) Předehřejte brojlera. Kousky pita chleba položte na plech a z obou stran lehce potřete přepuštěným máslem. Umístěte pod brojler, jednou otočte, dokud nebude opečené z obou stran. Dát stranou.

c) V malém hrnci zahřejte ocet na středním plameni. Přidejte česnek a koriandr a vařte, dokud tekutina nedosáhne poloviny původního množství.

d) Vmíchejte kousky chleba do egyptské rýže a lžící směs nalijte na dno servírovacího talíře, přičemž po stranách misky ponechte 2-palcový okraj.

e) Položte telecí kousky kolem okraje rýže. Rýži zakápněte octově-česnekovou omáčkou a kousky telecího masa zalijte telecím vývarem.

f) Na vrch misky nasypte petrželku.

g) Podávejte teplé.

37.Grilované čerstvé sardinky [Sardine Ma'li]

SLOŽENÍ:
- 1 lžíce extra panenského olivového oleje
- 3 libry čerstvých sardinek, očištěných a vykuchaných
- 1 svazek čerstvého rozmarýnu
- Sůl
- Čerstvě mletý černý pepř
- 2 citrony, nakrájené na čtvrtky

INSTRUKCE:
a) Rozpalte gril nebo grilovací pánev na středně vysokou teplotu. Pokud používáte grilovací pánev, potřete ji olivovým olejem.
b) Každou sardinku naplňte snítkou čerstvého rozmarýnu a dochuťte solí a pepřem podle chuti.
c) Umístěte na gril a opékejte 3 až 5 minut z každé strany, dokud nebudou lehce zlaté a propečené.
d) Položte na talíř a ozdobte zbývajícími snítkami rozmarýnu a čtvrtkami citronu.

38. Makaróny s masem a bešamelovou omáčkou [Macarona Bešamel]

SLOŽENÍ:
BÉCHAMELOVÁ OMÁČKA:
- 4 lžíce másla
- 4 lžíce univerzální mouky
- 2 šálky teplého plnotučného mléka
- 2 šálky teplého kuřete popř
- zeleninový vývar
- Sůl
- Čerstvě mletý černý pepř
- 1 vejce

MASA NÁPLŇ:
- 2 lžíce nesoleného másla
- 2 libry mletého hovězího masa
- 1 cibule, nastrouhaná
- 1 lžička hovězího koření popř
- ½ lžičky mletého koriandru a ½ lžičky mletého kmínu
- ¼ šálku rajčatového protlaku Sůl
- Čerstvě mletý černý pepř
- 1 libra rigatoni nebo penne
- ½ šálku strouhaného sýra pecorino Romano [nebo egyptské gebna rumi] na polevu

INSTRUKCE:
a) Příprava bešamelové omáčky: Ve středním hrnci na středním plameni rozpusťte máslo. Přidejte mouku a dobře prošlehejte, aby se zapracovala. Pomalu přišlehejte mléko a vývar po ½ šálku a po každém přidání šlehejte. Zvyšte teplotu na středně vysokou, mírně vařte dvě minuty, snižte teplotu na nízkou a za pomalého míchání vařečkou vařte, dokud se omáčka nezredukuje na polovinu původního objemu. Odstraňte z ohně a nechte mírně vychladnout. Ochutnejte a podle potřeby přidejte sůl a pepř. V malé misce rozšlehejte vejce a přidejte 2 lžíce bešamelové omáčky, jednu po druhé a po každém přidání dobře prošlehejte. Vaječnou směs pomalu přidávejte do bešamelu a dobře prošlehejte. Omáčku dejte stranou, dokud není potřeba.

b) Příprava masové NÁPLNĚ: Ve velké pánvi rozehřejte máslo na střední teplotu. Přidejte hovězí maso, cibuli a hovězí koření a vařte, dokud hovězí maso nezhnědne, asi 5 minut. Přidejte rajčatový protlak, sůl a čerstvě mletý pepř podle chuti. Snižte teplotu na minimum a vařte odkryté, dokud se rajčatový protlak nevstřebá do masové směsi. Odstraňte pánev z ohně, ochutnejte a v případě potřeby dochuťte solí a pepřem.
c) Sestavení a pečení makaronů: Předehřejte troubu na 350 stupňů F. Uvařte těstoviny podle návodu na obalu. Zastavte vaření o 1 až 2 minuty dříve [těstoviny se budou v troubě vařit i nadále] a sceďte Na dno pánve o rozměrech 9x13x2 palce naneste přibližně ¼ šálku bešamelové omáčky. Na horní část kastrolu si rezervujte 1 šálek bešamelové omáčky. Zbylou bešamelovou omáčku smícháme s těstovinami. Ochutnejte a v případě potřeby dosolte.
d) Do zapékací mísy dáme lžící polovinu těstovinové směsi a uhladíme vrch. Masovou náplň rovnoměrně rozetřeme na těstoviny. Zbylou těstovinovou směs potřete masovou náplní. Vršek uhlaďte a těstoviny rovnoměrně nalijte odloženou bešamelovou omáčkou.
e) Celý pokrm rovnoměrně posypeme strouhaným sýrem pecorino Romano.
f) Kastrol pečte přibližně 45 minut, nebo dokud není vršek zlatavě hnědý.

39. Kuřecí a špenátový matzo koláč s egyptskou horkou omáčkou [Mayeena]

SLOŽENÍ:
- 2 libry kuřecích stehen
- 7 lžic expelerů lisovaného kukuřičného oleje
- 2 žluté cibule, nakrájené na kostičky
- 10 stroužků česneku, mletého
- 2 libry mraženého špenátu, rozmraženého a okapaného
- Sůl podle chuti
- Čerstvě mletý černý pepř
- 1 lžička mletého nového koření
- 1 lžička mletého koriandru
- 1 lžička mleté skořice
- ½ šálku nasekané petrželky
- ½ šálku nasekaného koriandru
- 5 vajec, lehce rozšlehaných
- 1 šálek kuřecího vývaru [rezervováno z vaření kuřete]
- 6½ organických celozrnných plátků matzo
- 2 šálky rajčatového protlaku
- 1 lžička mletého kmínu
- ¼ lžičky chilli prášku
- 1 lžíce destilovaného bílého octa

INSTRUKCE:
a) Kuřecí stehna dejte do středního hrnce a podlijte vodou. Přiveďte k varu na středně vysoké teplotě a poté snižte teplotu na středně nízkou. Z horní části hrnce odstraňte špína a vařte bez pokličky 30 minut, nebo dokud není kuře propečené. Sceďte a odložte si 1 šálek vývaru.
b) Předehřejte troubu na 375 stupňů F. Když je kuře dostatečně vychladlé, aby se dalo zvládnout, odstraňte maso z kostí a nakrájejte ho na kousky velikosti sousta.
c) Zahřejte 2 lžíce kukuřičného oleje ve velké pánvi na středním ohni. Přidejte polovinu cibule a smažte, dokud nebude měkká a průsvitná. Vmíchejte polovinu česneku a vařte odkryté 1 minutu.
d) Přidejte špenát do pánve; vařte 1 minutu, odkryté. Do směsi vmícháme kuřecí maso; vařte další minutu. Dochuťte solí a pepřem,

novým kořením, koriandrem a skořicí. Snižte teplotu na minimum a vařte 1 minutu. Vmíchejte petržel a koriandr.
e) Opatrně nalijte rozšlehaná vejce do pánve za intenzivního míchání, aby se vejce nesrazila. Za stálého míchání vařte 2 minuty a poté stáhněte z plotny.
f) Namažte pekáč 9 x 13 palců 1 lžící kukuřičného oleje. Nalijte kuřecí vývar do velké mělké pánve nebo misky. Ponořte plát matzo do vývaru tak, aby byl nasycený a změklý, ale stále neporušený, a poté položte na dno naolejované pánve. Pokračujte, dokud nebude celé dno pekáče zcela vyložené matzem. [Možná budete muset některé kusy rozlámat, aby se vešly.]
g) Polovinu kuřecí/špenátové směsi rovnoměrně rozprostřete na vrstvu macesu. Směs kuře/špenát zalijte ¼ šálku kuřecího vývaru. Položte další vrstvu mokrého matzo na vršek směsi kuře/špenát. Matzo zalijeme zbylým vývarem. Vršek kastrolu opatrně potřete 3 lžícemi kukuřičného oleje. Pečte 30 minut nebo dozlatova.
h) Zatímco se kastrol peče, připravte egyptskou horkou omáčku: Zbývající 1 polévkovou lžíci kukuřičného oleje zahřejte ve středním hrnci na středním plameni. Přidejte zbývající polovinu cibule a restujte, dokud nebude měkká a zlatavá. Přidejte zbývající polovinu česneku a restujte, dokud se nezačne barvit. Přidejte rajčatový protlak, promíchejte a dochuťte solí a pepřem podle chuti. Přidejte kmín a chilli prášek a dobře promíchejte; přikryjeme a dusíme 20 minut. Přidejte ocet a přikryté vařte dalších 5 minut. Ochutnejte a případně dochuťte solí a pepřem. Odstraňte z ohně a uchovávejte přikryté až do podávání.
i) Omáčku podávejte horkou v misce vedle horkého kastrolu s macesem.

40. Pečené sardinky s rukolou [Sardeen Fee al Forn bi Gargheer]

SLOŽENÍ:
- 5 lžic extra panenského olivového oleje
- 1 libra celých sardinek, očištěných a zbavených šupin
- 4 stroužky česneku
- 1 lžička mletého koriandru
- 1 lžička mletého kmínu
- 1 lžička zataaru, 1 sušený tymián nebo sušené oregano
- Špetka chilli
- Šťáva z 1 citronu nebo limetky
- Sůl
- Čerstvě mletý černý pepř
- Rukola

INSTRUKCE:
a) Předehřejte troubu na 425 stupňů F.
b) Pekáč vymažte 1 lžící olivového oleje a vložte do něj sardinky. Zbývající 4 lžíce olivového oleje, česnek, koriandr, kmín, zataar, tymián nebo oregano a chilli prášek rozmixujte v mixéru nebo kuchyňském robotu, abyste vytvořili dresink. Sardinky přelijte dresinkem.
c) Sardinky pečte 20 až 25 minut, dokud okraje nezezlátnou a dužina neprůsvitná. Na sardinky vymačkejte šťávu z citronu nebo limetky; dochutíme solí a čerstvě mletým pepřem dle chuti.
d) Podávejte horké nebo pokojové teploty s rukolou.

41. Telecí a bramborový tagin [Tagin Bitello wa Batatas]

SLOŽENÍ:
- 1 lžíce přepuštěného másla [ghí]
- 1 středně žlutá cibule, nakrájená
- 3 šálky nakrájených rajčat se šťávou
- 1 libra vykostěné telecí plec, nakrájená na 1-palcové kostky
- 5 stroužků česneku, nakrájených na plátky
- 3 velké brambory Yukon Gold, oloupané a nakrájené na tenká kolečka
- 1 lžička soli
- ½ lžičky čerstvě mletého černého pepře
- ⅛ čajové lžičky mletých sušených vloček červené papriky
- ¼ lžičky mletého muškátového oříšku
- ½ lžičky mleté skořice
- ¼ lžičky papriky
- 2 lžíce nasekané čerstvé petrželky

INSTRUKCE:
a) Předehřejte troubu na 300 stupňů F. V žáruvzdorné pánvi nebo běžné pánvi, pokud budete používat hliněnou zapékací mísu, zahřejte přepuštěné máslo na střední teplotu. Přidejte cibuli a smažte, dokud nebude průhledná.
b) Přidejte rajčata, telecí maso, česnek a brambory. Dochuťte solí, pepřem, vločkami červené papriky, muškátovým oříškem, skořicí a paprikou a dobře promíchejte.
c) Pokud používáte hliněnou zapékací mísu, po lžících dusíme do mísy a přikryjeme. Jinak hrnec přikryjte a vložte do trouby.
d) Pečte 1 hodinu a 15 minut, nebo dokud maso a brambory nezměknou a navrchu se nevytvoří „kůrka". Vyjměte z trouby, ochutnejte a v případě potřeby dosolte.
e) Ozdobte petrželkou a podávejte v pekáčku.

42. Jehněčí stopky napuštěné kořením [Kawara Lahma Dani]

SLOŽENÍ:
- 2 lžíce rostlinného oleje
- 4 jehněčí kolínka
- Sůl
- Čerstvě mletý černý pepř
- ½ lžičky mletého muškátového oříšku
- 1 lžička mleté skořice
- 1 lžička papriky
- 1 lžička mletého kmínu
- 2 řapíkatý celer, nakrájený na kostičky
- 2 žluté cibule, nakrájené na čtvrtky
- 2 mrkve, oloupané a nakrájené na kostičky
- 2 stroužky česneku, mleté
- 4 šálky zeleninového, kuřecího nebo hovězího vývaru
- 2 lžičky anýzových semínek
- Šťáva z 1 citronu nebo pomeranče
- Kořenová zelenina [brambory, rutabagas atd.], nakrájená [volitelně]

INSTRUKCE:

a) Ve velké mělké pánvi rozehřejte na středním plameni rostlinný olej. Na pánev přidejte jehněčí stehýnka a opečte ze všech stran. Jehněčí maso z každé strany okoříme solí a pepřem, muškátovým oříškem, skořicí, paprikou a kmínem. Vyjměte jehněčí maso z pánve a dejte stranou.

b) Do pánve přidejte celer, cibuli, mrkev a česnek a míchejte, aby se dobře promíchal. Restujte, dokud zelenina není průhledná.

c) Přidejte jehněčí maso zpět do pánve a zalijte kýty vývarem. Zvyšte teplotu na vysokou a přiveďte k varu. Snižte teplotu na minimum, přikryjte a vařte 1½ hodiny.

d) Do pánve přidejte anýzová semínka a citronovou nebo pomerančovou šťávu. Pokud používáte kořenovou zeleninu, přidejte ji do pánve také v tuto chvíli. Zamíchejte, přikryjte a pokračujte v dušení masa, dokud není měkké a odpadá od kosti, přibližně ještě 1½ hodiny.

e) Ochutnejte a případně dochuťte solí a pepřem. Při podávání položte jehněčí na servírovací talíř s okraji. Vývar precedíme přes jehněčí maso. Před podáváním nechte maso 10 minut odstát.

43. Čočka, rýže a těstoviny s pikantní rajčatovou omáčkou [Koushari]

SLOŽENÍ:
- 1 šálek hnědé nebo černé čočky, propláchnuté
- 3 lžíce expelerů lisovaného kukuřičného oleje
- 2 středně žluté cibule, 1 nakrájená na kostičky, 1 na tenké plátky
- 6 stroužků česneku, mletého
- 2 šálky rajčatového protlaku
- Sůl podle chuti
- Čerstvě mletý černý pepř podle chuti
- 1 lžička mletého kmínu
- ¼ lžičky chilli prášku
- 1 lžíce destilovaného bílého octa
- 1 šálek egyptské nebo jiné krátkozrnné rýže
- ½ šálku loketních makaronů nebo mini těstovin penne
- 1 hrnek konzervované cizrny, dobře propláchnuté a okapané

INSTRUKCE:
a) Čočku dejte do středního hrnce a zalijte vodou. Přiveďte k varu na vysoké teplotě a poté snižte teplotu na střední. Vařte odkryté do měkka asi 20 minut. Sceďte a nechte čočku, dokud nebude potřeba.
b) Zahřejte 1 lžíci kukuřičného oleje ve středním hrnci na středním plameni. Přidáme na kostičky nakrájenou cibuli a restujeme do měkka a zlatavé barvy. Přidejte česnek a restujte, dokud se nezačne barvit. Přidejte rajčatový protlak, promíchejte a dochuťte solí a pepřem podle chuti. Přidejte kmín a chilli prášek, dobře promíchejte. Přikryjeme a dusíme 20 minut. Přidáme ocet a přikryté dusíme dalších 5 minut. Ochutnejte a případně dochuťte solí a pepřem. Odstraňte z ohně a uchovávejte přikryté až do podávání.
c) Naplňte střední kastrol do tří čtvrtin vodou a přiveďte k varu na vysoké teplotě. Přidejte egyptskou rýži a snižte teplotu na střední. Vařte, dokud rýže nezměkne a poté sceďte. Vložte rýži zpět do hrnce a zakryjte, aby zůstala teplá až do podávání.
d) Mezitím naplňte další střední kastrol do tří čtvrtin vodou a přiveďte k varu na vysoké teplotě. Dochuťte solí a snižte teplotu na střední.

e) Přidejte těstoviny a vařte, dokud nejsou hotové. Dobře sceďte, vložte těstoviny zpět do hrnce a zakryjte, aby zůstaly teplé až do podávání.
f) Zahřejte zbývající 2 lžíce kukuřičného oleje ve velké široké pánvi na středním ohni. Přidáme nakrájenou cibuli a restujeme do tmavě zlatohnědé barvy. Vzlétnout
g) prohřejeme a vmícháme cizrnu.
h) Sestavte Koushari lžící rýže rovnoměrně na dno velké, mělké servírovací mísy. Na rýži nasypte těstoviny a na těstoviny čočku. Omáčku rovnoměrně nalijte na vrch rýže a těstovin. Rozložte cibuli a cizrnu do vzoru kolem středu misky. Podávejte horké.

44. Čerkesské kuře [Shirkaseya]

SLOŽENÍ:
- 3 celá vykostěná kuřecí prsa
- 5 šálků kuřecího vývaru
- Sůl
- Čerstvě mletý černý pepř
- 1 mrkev, oloupaná a nakrájená na poloviny
- 3 plátky starého chleba, nakrájené na kousky
- 1½ šálku mletých vlašských ořechů
- 1 stroužek česneku
- ½ šálku plnotučného mléka

garniže
- 1 lžíce olivového oleje
- 1 lžička papriky
- 3 půlky vlašských ořechů

INSTRUKCE:
a) Do velkého hrnce dejte kuřecí prsa, 4 šálky vývaru, sůl, pepř a mrkev. Přiveďte k varu na středně vysokém ohni, odkryté. Jak se tvoří, sbírejte spodinu z horní části tekutiny. Snižte teplotu na středně nízkou a vařte bez pokličky 45 minut nebo dokud není kuře propečené.
b) Zbývající 1 šálek vývaru, chléb, vlašské ořechy, česnek a mléko rozmixujte v mixéru na hladkou pastu. Ochutnejte a dochuťte solí a pepřem podle chuti. Když je kuře hotové, sceďte a nechte mírně vychladnout.
c) Vývar si rezervujte pro další použití. Když je dostatečně vychladlé na manipulaci, nakrájejte kuře prsty na kousky velikosti sousta.
d) Kuřecí kousky položte na servírovací talíř a potřete ořechovou pastou.
e) Do malé misky nalijte olivový olej a zašlehejte papriku.
f) Kuře pokapeme a poklademe půlkami vlašských ořechů.

45. Egyptská rýže s míchanou zeleninou [Roz bil Khodar]

SLOŽENÍ:
- 2 zelené papriky, nakrájené na kostičky
- 2 mrkve, nakrájené na kostičky
- 2 lžíce olivového oleje
- 1 žlutá cibule, nakrájená na tenké plátky
- 2 šálky egyptské nebo jiné krátkozrnné rýže
- ¾ šálku nakrájených rajčat
- 3 šálky kuřecího nebo zeleninového vývaru
- ½ lžičky soli
- ¼ lžičky čerstvě mletého černého pepře

INSTRUKCE:
a) Papriku a mrkev dejte do středního hrnce naplněného do tří čtvrtin vodou a přiveďte k varu. Snižte teplotu a vařte bez pokličky 10 minut. Sceďte a dejte stranou.
b) Zahřejte olivový olej ve středním hrnci na středním plameni. Přidejte plátky cibule a restujte do světle zlaté barvy. Vyjměte z pánve a přidejte k zelenině.
c) Přidejte rýži do oleje, na kterém byla orestována cibule. Vařte na středně mírném ohni 3 až 5 minut nebo dokud nebude průsvitná. Přidejte zeleninu, rajčata a vývar. Dochutíme solí a pepřem a promícháme, aby se zapracovalo.
d) Přiveďte k varu na silném ohni. Snižte teplotu na minimum a přikryté vařte 20 až 25 minut, nebo dokud se všechna voda nevstřebá. Podávejte teplé.

46. Beduínský jehněčí guláš [Tagin Lahma Dani]

SLOŽENÍ:
- 1 polévková lžíce lisovaného kukuřičného oleje
- 3 žluté cibule, nakrájené na tenké plátky
- 3 libry jehněčího plecka nakrájeného na 3palcové kousky
- 1 lžička mleté skořice
- ½ lžičky mletého muškátového oříšku
- ½ lžičky mletého nového koření
- 1 lžička soli nebo podle chuti
- Čerstvě mletý černý pepř

INSTRUKCE:
a) Předehřejte troubu na 325 stupňů F. Ve velkém hrnci odolném v troubě rozehřejte olej.
b) Přidejte cibuli a smažte na středním plameni do hněda, 5 až 7 minut. Přidejte jehněčí maso a opečte ze všech stran, asi 10 minut.
c) Jehněčí maso ochutíme skořicí, muškátovým oříškem, novým kořením, solí a špetkou pepře. Vhoďte maso, aby se obalilo. Jehněčí maso nalijte tolik vody, aby bylo sotva pokryto, a vložte do trouby nezakryté.
d) Dusíme 2½ hodiny, každou půlhodinu otočíme. Pokud nezůstane žádná tekutina, přidejte více vody na zakrytí a dusíme dalších 30 minut, nebo dokud jehněčí nezměkne.
e) Podávejte teplé.

47. Pečené marinované kuře [Firakh Mashwi Fee al Forn]

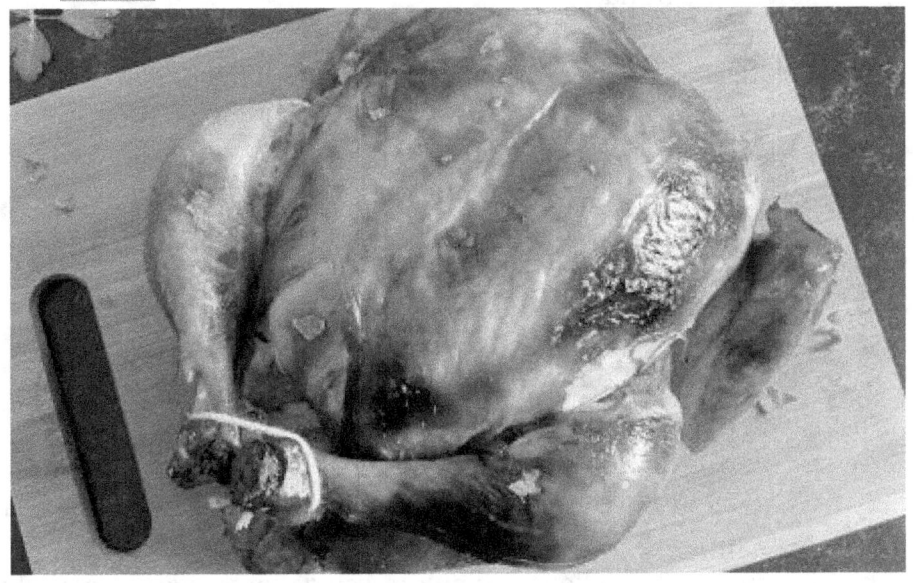

SLOŽENÍ:
- ¼ šálku extra panenského olivového oleje
- Šťáva z 1 citronu
- Šťáva z 1 limetky
- 1 žlutá cibule, nakrájená na čtvrtky
- 4 lžíce nasekané čerstvé máty
- 1 lžíce nasekané čerstvé petrželky
- 1 lžíce nasekaného čerstvého oregana
- 1 lžíce koření na drůbež
- Sůl
- Čerstvě mletý černý pepř
- 1 celé kuře [3 až 4 libry], očištěné a odstraněné droby

INSTRUKCE:
a) Ve velké misce smíchejte olivový olej, citronovou šťávu, limetkovou šťávu, cibuli, mátu, petržel, oregano, koření na drůbež a trochu soli a pepře. Vložte kuře do mísy a otočte na obal.
b) Do dutiny vložte kousek cibule. Mísu zakryjte a kuře marinujte v lednici 12 až 24 hodin.
c) Předehřejte troubu na 425 stupňů F. Kuře pečte zakryté 1½ hodiny, nebo dokud není vršek zlatavě hnědý a po propíchnutí vidličkou nevytéká šťáva ze stehenního masa. Vyjměte z trouby. Necháme 10 minut odpočinout.
d) Podávejte teplé.

48. Smažený okoun nilský [Samak Bulti Ma'li]

SLOŽENÍ:
- 4 libry okouna nilského nebo jiné čerstvé bílé ryby [malé celé očištěné ryby nebo vykostěné filety]
- 2 citrony, 1 odšťavněný, 1 nakrájený na tenké plátky
- 8 stroužků česneku, nasekaných
- Čerstvě mletý černý pepř, podle chuti
- 4 lžíce expelerů lisovaného kukuřičného oleje
- 1 lžíce mletého kmínu
- ½ šálku univerzální mouky Sůl podle chuti
- 2 lžíce olivového oleje
- 1 svazek čerstvé petrželky, nasekané

INSTRUKCE:
a) Rybu opláchněte a vložte do velké mělké mísy k marinování. V malé misce smíchejte citronovou šťávu, česnek, trochu pepře, 2 lžíce kukuřičného oleje a kmín.
b) Směs nalijte na ryby, přikryjte misku a marinujte 30 minut.
c) Na talíř nasypte mouku. Rybu vyjmeme z marinády a nasypeme do mouky. Přebytek setřete a položte na velký talíř. Rybu z každé strany osolíme.
d) Zahřejte olivový olej ve velké, těžké pánvi na středním ohni. Přidejte rybu do pánve a před otočením vařte alespoň 5 minut.
e) Když je spodní strana zlatavá, otočte ji a opékejte na druhé straně dalších 5 minut, nebo dokud není ryba propečená. [Celým rybám to bude trvat déle v závislosti na jejich velikosti.]
f) Když je ryba uvařená, přendejte ji na teplý servírovací talíř a ozdobte plátky citronu a petrželkou.

PŘÍLOHA

49. Artyčoky s koprovou omáčkou [Kharshuf bi Shabbat]

SLOŽENÍ:
- 12 baby artyčoků
- Sůl podle chuti
- Šťáva ze 2 citronů
- 3 lžíce olivového oleje
- 1 lžíce dijonské hořčice
- ¼ šálku čerstvého kopru, jemně nasekaného
- Čerstvě mletý černý pepř podle chuti

INSTRUKCE:
a) Artyčoky očistěte tak, že je namočíte do vody a vodu vyměníte, dokud po namočení nezůstane čirá. Odstraňte vnější listy artyčoků.
b) Kuchyňskými nůžkami odstřihněte vršek zbylých listů artyčoku, aby měl artyčok stejnou výšku. Odstraňte trnitou tlumivku ze středu. V této fázi by měl artyčok připomínat květinu.
c) Artyčoky dejte do velkého hrnce, osolte, zalijte vodou a na středně vysokém ohni přiveďte k varu. Jakmile se artyčoky začnou vařit, snižte teplotu na střední a pokračujte v vaření artyčoků, dokud nezměknou.
d) Artyčoky sceďte a dejte na malý servírovací talíř. Do mixéru dejte citronovou šťávu, olivový olej, dijonskou hořčici a kopr. Smíchejte dohromady, abyste vytvořili vinaigrette a dochuťte solí a pepřem podle chuti. Artyčoky přelijeme zálivkou.
e) Podávejte teplé nebo při pokojové teplotě.

50.Plněné vinné listy [Wara' El Aghnib]

SLOŽENÍ:

- ½ libry čerstvých vinných listů nebo 1 [8 uncí] sklenice konzervovaných vinných listů, okapané
- 1 šálek egyptské nebo jiné krátkozrnné rýže
- ⅓ šálku čerstvého kopru, jemně nasekaného
- ⅓ šálku čerstvé petrželky, jemně nasekané
- ⅓ šálku čerstvých lístků máty, jemně nasekaných
- 1 šálek konzervovaných nakrájených rajčat, okapaných
- 1 středně žlutá cibule, nastrouhaná
- ¼ šálku expelerů lisovaného kukuřičného oleje
- 1 lžička soli
- ½ lžičky čerstvě mletého černého pepře
- Špetka chilli
- 1 lžička mletého kmínu
- Šťáva z 1 citronu

INSTRUKCE:

a) Vložte vinné listy do velké mísy. Zalijeme vroucí vodou a necháme 10 minut odstát. Listy vinné révy sceďte. Umístěte listy na pracovní plochu žilou nahoru. Odřízněte přebytečný kus stonku ze spodní části každého listu.

b) Ve střední misce smíchejte rýži, bylinky, ¾ šálku rajčat, cibuli, kukuřičný olej, sůl, pepř, chilli prášek a kmín. Doprostřed listu dejte 1 polévkovou lžíci náplně. Vytvarujte náplň tak, aby připomínala šířku tužky přes šířku listu. List volně srolujte, začněte odspodu. Postupně zastrčte strany listu a vytvořte obálku. Nerolujte list příliš pevně, jinak se roztrhne, jak se rýže vaří a roztahuje se uvnitř. Pokračujte zbývajícími listy.

c) Umístěte plněné vinné listy švem dolů vedle sebe do těžkého hrnce. Plněné listy by se měly navzájem dotýkat a vejít do pánve bez mezer. V případě potřeby opakujte druhou vrstvu nahoře. Na plněné listy v rendlíku položte talíř vzhůru nohama, aby nekynuly. Listy zalijte vroucí vodou, dokud nebudou téměř, ale ne zcela zakryté.

d) Do pánve přidejte zbývající ¼ šálku rajčat, trochu soli a pepře a citronovou šťávu. Přikryjte pánev a vařte na mírném ohni, dokud není rýže zcela uvařená a listy měkké, přibližně 1 až 1½ hodiny.
e) Chcete-li otestovat propečenost plněných vinných listů, rozlomte jeden napůl a ochutnejte.
f) Podávejte teplé nebo při pokojové teplotě.

51.Egyptská rýže [Roz]

SLOŽENÍ:
- 1 lžička přepuštěného másla [ghí]
- 1 šálek egyptské nebo jiné krátkozrnné rýže
- 1¾ šálků zeleninového nebo kuřecího vývaru
- ¼ lžičky soli nebo podle chuti

INSTRUKCE:
a) Ve středním hrnci rozpusťte přepuštěné máslo na středním plameni.
b) Přidejte polovinu rýže, jednou promíchejte a pokračujte ve vaření po dobu 2 až 3 minut, dokud rýže nebude průsvitná. Přidejte zbývající rýži, vývar a sůl.
c) Míchejte, aby se dobře promíchalo a přiveďte k varu. Snižte teplotu na minimum a přikryjte hrnec těsně přiléhající poklicí.
d) Vařte 15 až 20 minut nebo dokud se všechna tekutina nevstřebá. Před podáváním nechte 5 minut odstát.

52.Smažený lilek s česnekovým dresinkem [Bittingan Ma'li bil Toum]

SLOŽENÍ:
- 3 dlouhé, štíhlé japonské lilky
- Sůl
- 3 šálky expelerů lisovaného kukuřičného oleje
- 10 stroužků česneku, mletého
- ¼ šálku destilovaného bílého octa
- 1 lžíce mletého koriandru
- 1 lžíce čerstvé petrželky, nasekané

INSTRUKCE:
a) Lilek odřízněte vršky, rozkrojte je na polovinu podélně a poté na polovinu po šířce. Dejte je do cedníku, posypte solí a nechte hodinu stát. Opláchněte je a dobře osušte.
b) Ve velké pánvi nebo fritéze rozehřejte olej na středně vysokou teplotu, dokud nedosáhne přibližně 325 stupňů F. Vložte lilky do oleje a smažte 3 až 5 minut na každé straně nebo dozlatova. Vyjměte děrovanou lžící a položte na talíř vyložený papírovými utěrkami, aby okapal.
c) Mezitím dejte česnek, bílý ocet a koriandr do malého hrnce na střední teplotu. Přiveďte k varu a vařte, dokud se téměř všechna tekutina neodpaří.
d) Přeneste lilek na servírovací talíř. Navrch nalijte česnekový dresink a posypte čerstvou petrželkou. Ochutnejte a v případě potřeby dosolte.
e) Ihned podávejte.

53. Dušená okra a rajčata [Bamya Matbukh]

SLOŽENÍ:
- 2 lžičky přepuštěného másla [ghí] nebo lisovaného kukuřičného oleje
- 1 středně žlutá cibule, nakrájená nadrobno
- 3 šálky čerstvé nebo mražené okry
- 2 šálky zeleninového, kuřecího nebo masového vývaru
- ½ šálku nakrájených rajčat
- 1 lžička sušeného divokého tymiánu, zataaru,3 nebo sušeného oregana
- Sůl
- Čerstvě mletý černý pepř

INSTRUKCE:
a) Přepuštěné máslo rozpusťte ve středním hrnci na středním plameni.
b) Přidejte cibuli, promíchejte a smažte, dokud nebude průhledná. Přidejte okra a míchejte, aby se spojily. Přidejte vývar, rajčata, divoký tymián a podle chuti osolte a opepřete.
c) Přiveďte směs k varu na vysoké teplotě a poté snižte teplotu na nízkou.
d) Promíchejte, přikryjte a nechte 20 minut louhovat, nebo dokud okra nezměkne.
e) Ochutnejte a v případě potřeby upravte koření. Podávejte horké.

SALÁTY

54. Salát z citrusových zelených fazolí [Fasoulea bi Limoon]

SLOŽENÍ:
- 1 libra zelených fazolí, konce oříznuté
- 2 lžíce olivového oleje
- Šťáva a nastrouhaná kůra z 1 citronu
- 1 lžíce najemno nasekané čerstvé petrželky
- 1 polévková lžíce jemně nasekané čerstvé máty
- 1 lžíce najemno nasekaného čerstvého oregana nebo tymiánu
- Sůl
- Čerstvě mletý černý pepř

INSTRUKCE:
a) Zelené fazolky vložte s vodou, aby je zakryly, do velkého hrnce na střední teplotu. Přiveďte k varu, snižte teplotu na minimum a vařte odkryté do měkka asi 15 minut.
b) Odstraňte z ohně, sceďte a vložte do velké mísy plné ledové vody. Necháme 5 minut odstát.
c) Do malé misky dejte olivový olej, nastrouhanou citronovou kůru, citronovou šťávu, petržel, mátu, oregano nebo tymián a trochu soli a pepře podle chuti. Dobře prošlehejte, aby se spojily.
d) Zelené fazolky sceďte a promíchejte s dresinkem. Nalijte na servírovací talíř.

55.Salát z cizrny, rajčat a tahini [Salata Hommus bil Tomatum wa Tahina]

SLOŽENÍ:
- 2 šálky konzervované cizrny, propláchnuté a okapané
- 1 šálek cherry nebo hroznových rajčat
- ¼ šálku čerstvé petrželky, jemně nasekané
- Šťáva z 1 citronu
- 2 lžíce tahini
- ¼ lžičky soli
- Čerstvě mletý černý pepř podle chuti

INSTRUKCE:
a) Smíchejte cizrnu, rajčata a petržel na střední servírovací míse.
b) Nalijte citronovou šťávu do malé misky, přidejte tahini, sůl a pepř a intenzivně šlehejte, přičemž přidávejte několik lžic vody najednou, aby vznikla hladká,
c) krémový dresink. Salát přelijte zálivkou a dobře promíchejte, aby se spojil. Podávejte při pokojové teplotě.

56.Pastýřský salát [Salata bil Gebnit al Ma'iz]

SLOŽENÍ:
- 1 svazek salátu, rukoly nebo různých bylinek
- 4 unce čerstvého kozího sýra, rozdrobeného
- ½ šálku nakrájené mrkve
- 2 malé [asi 5 palců dlouhé] okurky nebo ½ z 1 velké okurky, nakrájené na kostičky
- Hrst datlí, vypeckovaných a nakrájených na půlky
- ½ šálku mražené kukuřice, rozmražené soli
- Čerstvě mletý černý pepř
- 4 lžičky extra panenského olivového oleje
- Šťáva z 1 citronu

INSTRUKCE:
a) Na velký servírovací talíř položte salát, rukolu nebo různé bylinky.
b) Navrch dejte kozí sýr, mrkev, okurku, datle a kukuřici.
c) Navrch salátu posypeme špetkou soli a pepře.
d) Dresink připravíme tak, že v malé misce rozšleháme olivový olej s citronovou šťávou.
e) Salát pokapeme a podáváme.

57. Rukolový salát [Salata bil Gargeer]

SLOŽENÍ:
- 3 svazky čerstvé rukoly
- Šťáva ze 3 citronů
- ¼ šálku extra panenského olivového oleje
- Sůl
- Čerstvě mletý černý pepř

INSTRUKCE:
a) Rukolu dobře omyjte tak, že ji vložíte do velké misky s vodou a necháte několik minut nasáknout. Rukolu sceďte, misku opláchněte vodou a znovu namočte.
b) Pokračujte ve vypouštění a namáčení, dokud voda nezůstane čistá. To může trvat více než 10 samostatných namáčení, protože rukola má tendenci shromažďovat písek a nečistoty.
c) Rukolu důkladně osušte a navršte na talíř. Ve střední misce rozšlehejte citronovou šťávu a olivový olej, abyste získali lehký dresink.
d) Dresink podle chuti osolíme a opepříme a přelijeme na rukolu.

58. Salát z lilku s melasou z granátového jablka [Salata Ruman bil Dabs Ruman]

SLOŽENÍ:
- 2 japonské lilky [přibližně 8 palců dlouhé a 2 palce napříč]
- Sůl
- 2 velká, zralá rajčata
- 2 lžíce olivového oleje
- 1 malá žlutá cibule, nakrájená
- 2 stroužky česneku, nakrájené
- 2 lžíce čerstvých lístků máty, jemně nasekaných
- 2 lžíce čerstvé petrželky, nasekané nadrobno
- 1 lžíce cukru
- 1 lžíce destilovaného bílého octa
- 3 lžíce melasy z granátového jablka
- Čerstvě mletý černý pepř

INSTRUKCE:
a) Lilek odřízněte vršek a spodek, rozkrojte je podélně napůl a vložte do cedníku do dřezu. Posypte je solí a nechte 1 hodinu uležet. Opláchněte sůl a osušte. Lilek nakrájíme na kostičky a dáme stranou.

b) Naplňte kastrol do tří čtvrtin vodou a přiveďte k varu na vysoké teplotě. Přidejte rajčata a vařte 1 až 2 minuty, dokud se slupka neroztrhne. Rajčata sceďte a ponořte do misky se studenou vodou. Až vychladnou, oloupeme rukama slupky z rajčat a poté je nakrájíme na kostičky.

c) Ve velké pánvi na středním plameni rozehřejte olivový olej. Přidejte cibuli a česnek a restujte, dokud cibule není průhledná. Přidejte lilek, rajčata, mátu, petržel, cukr a ocet. Promíchejte, snižte teplotu na středně nízkou a vařte 20 minut. Vmíchejte melasu z granátového jablka a vařte další dvě minuty, nebo dokud lilek nezměkne.

d) Ochutnáme a podle potřeby dosolíme a opepříme.

59. Salát s hrozny a smaženými kuličkami Feta [Salata bil Aghnib wa Gebna Makleyah]

SLOŽENÍ:
- 1 hlava římského salátu
- 1 šálek červených hroznů bez pecek
- ¼ šálku extra panenského olivového oleje Šťáva z 1 citronu
- 1 lžička vody z pomerančových květů
- Sůl podle chuti
- Čerstvě mletý černý pepř podle chuti
- 1 šálek sýra feta, dobře okapaný a rozdrobený
- ¼ šálku plus 1 lžíce univerzální mouky
- 1 velké vejce
- 2 šálky rostlinného nebo řepkového oleje na smažení

INSTRUKCE:
a) Salát nakrájejte na kousky a dejte do velké mísy nebo na servírovací talíř. Přihoďte hrozny a dejte stranou.
b) Dresink připravíme nalitím olivového oleje do malé misky. Vmíchejte citronovou šťávu a vodu z pomerančových květů a dochuťte solí a pepřem podle chuti.
c) V další malé misce smíchejte feta sýr, 1 lžíci mouky, vejce a trochu pepře. Rozmačkejte vidličkou a poté ingredience domixujte rukama. U velkých míčků odlomte 1-palcové kousky sýrové směsi a srolujte je na 12 míčků o velikosti golfových míčků; k výrobě menších kuliček použijte kuličkovač na meloun.
d) Na talíř nasypte ¼ hrnku mouky a v mouce obalte sýrové kuličky. Přebytek setřete a položte na talíř. Zahřejte rostlinný nebo řepkový olej ve velkém hlubokém hrnci. Když má olej přibližně 375 stupňů F, je připraven. Opatrně ponořte kuličky do oleje, aniž byste je přetlačili. Nedovolte, aby se navzájem dotýkali. Kuličky otočte, když jsou spodní poloviny hnědé, přibližně 5 minut. Pokud se neotáčejí snadno, počkejte ještě několik sekund. Pokud se snadno otáčejí, je to znamení, že jsou připraveny k otočení. Opékejte ostatní strany, dokud nebudou kuličky rovnoměrně barevné. Vyjměte z oleje děrovanou lžící a nechte okapat na papírové utěrce.
e) Na salát naaranžujte kuličky feta. Salát pokapejte dresinkem a dochuťte solí a čerstvě mletým černým pepřem podle chuti. Podávejte teplé.

60. Míchaný salát z bylin a jarní cibulky [Salata Khadra bil Bassal]

SLOŽENÍ:
- 1 svazek čerstvé petrželky
- 1 svazek čerstvého koriandru
- 1 svazek čerstvé máty
- 2 svazky jarní cibulky
- Šťáva z 1 citronu
- Šťáva z 1 limetky
- ¼ šálku extra panenského olivového oleje Špetka soli
- Špetka čerstvě mletého černého pepře
- Špetka mletého kmínu

INSTRUKCE:
a) Odřízněte stonky petržele, koriandru a máty; ponořte je do velké mísy a zalijte vodou.
b) Sceďte a pokračujte v ponořování bylinkových listů do čisté vody, dokud nebudou čisté a nezůstanou na dně misky žádné zbytky [toto může trvat až sedm umytí]. Osušte listy a položte je na velký servírovací talíř.
c) Z jarní cibulky odřízněte konce a položte je na záhon s bylinkami.
d) Smíchejte citronovou a limetkovou šťávu v malé misce. Všlehejte olivový olej, aby vznikla hladká zálivka. Do dresinku přidejte sůl, pepř a kmín, dobře promíchejte, aby se spojily.
e) Přelijeme salátem a podáváme.

POLÉVKA

61. Cuketová polévka s pyré [Shorbat Koosa]

SLOŽENÍ:
- 2¼ libry cukety, konce odstraněné a nakrájené
- 2 šálky hovězího, kuřecího nebo zeleninového vývaru
- 1 šálek plnotučného mléka
- Sůl podle chuti
- Čerstvě mletý černý pepř podle chuti

INSTRUKCE:
a) Do velkého hrnce dejte cuketu, vývar a mléko a přiveďte na vysokou teplotu k varu.
b) Snižte teplotu na středně nízkou a přikrytou vařte, dokud cuketa nezměkne, asi 5 minut.
c) Sundejte z ohně a ponorným mixérem rozmixujte na kaši; nebo ji nalijte do mixéru, zakryjte, sejměte středový výtok ze středu víka a nad otvorem podržte kuchyňskou utěrku. Polévku rozmixujte do hladka.
d) Polévku vraťte do hrnce a dochuťte solí a čerstvě mletým pepřem podle chuti.
e) Vařte na středním plameni 3 až 5 minut nebo dokud se polévka důkladně neprohřeje. Podávejte teplé.

62. Židovská slézová polévka [Shorbat Maloukhiya]

SLOŽENÍ:
- 4 šálky kuřecího vývaru
- 1 [14 uncový] balíček zmrazené maloukhiya
- Sůl
- Čerstvě mletý černý pepř
- 1 lžíce přepuštěného másla[ghí]
- 6 stroužků česneku, mletého
- 1 lžička mletého koriandru

INSTRUKCE:
a) Ve středním hrnci přiveďte k varu kuřecí vývar.
b) Přidejte mraženou maloukhiya a trochu soli a pepře podle chuti. Přiveďte zpět k varu, snižte teplotu na minimum a vařte 5 minut.
c) V malém hrnci na středním plameni rozpustíme přepuštěné máslo.
d) Přidejte česnek a koriandr a vařte odkryté, dokud se česnek nezačne barvit.
e) Do polévky vmícháme česnekovou směs, ochutnáme a případně dosolíme a opepříme. Podávejte horké.

63. Cizrnová polévka se zataarskými krutony [Shurba bil Hommus]

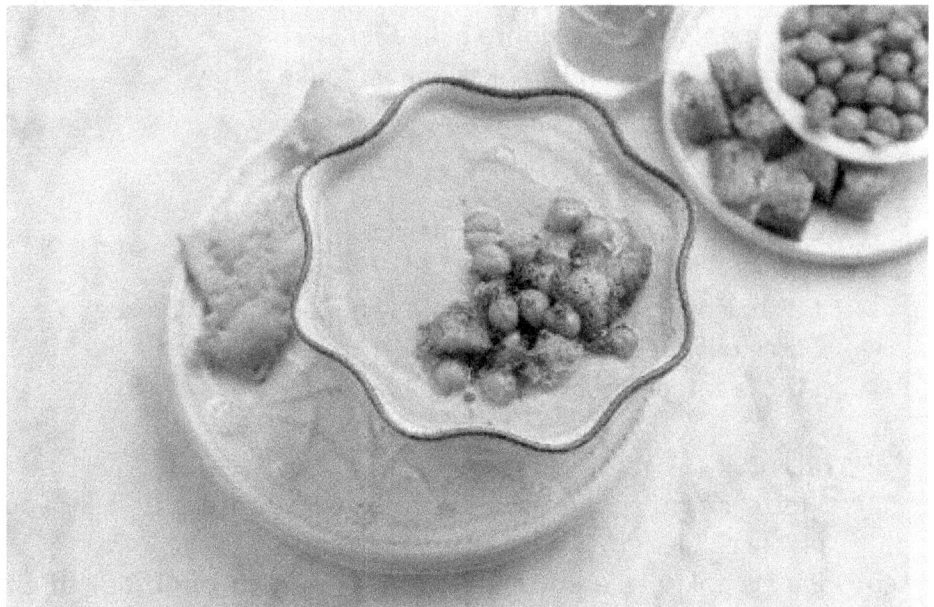

SLOŽENÍ:
- 2 střední rajčata
- 1 lžíce nesoleného másla
- 1 středně žlutá cibule, nakrájená na kostičky
- 1 střední mrkev, nakrájená na kostičky
- 1 řapíkatý celer, nakrájený na kostičky
- 1 libra mletého hovězího masa
- ½ lžičky mletého nového koření
- ½ lžičky mletého kmínu
- ½ lžičky mletého muškátového oříšku Sůl podle chuti
- Čerstvě mletý černý pepř podle chuti
- 4 šálky hovězího nebo kuřecího vývaru
- 1 šálek nudlí
- Šťáva z 1 limetky

INSTRUKCE:
a) Velký kastrol naplňte do tří čtvrtin vodou a přiveďte k varu. Přidejte rajčata a vařte 1 až 2 minuty nebo dokud slupka nezačne praskat.
b) Rajčata sceďte a ponořte do misky s ledovou vodou. Když rajčata dostatečně vychladnou, oloupejte je, rozkrojte napůl, odstraňte semínka a nakrájejte na kostičky.
c) Ve velkém hrnci na středním plameni rozpusťte máslo. Přidejte cibuli, mrkev a celer. Smažte 5 až 7 minut, nebo dokud cibule nezprůhlední.
d) Přidáme hovězí a osmahneme, občas promícháme a maso nalámeme na malé kousky. Vmíchejte nové koření, kmín, muškátový oříšek a trochu soli a čerstvě mletého pepře podle chuti.
e) Přidejte rajčata, vývar a 4 šálky vody. Zvyšte teplotu na vysokou teplotu a přiveďte k varu, přičemž setřete špína, jak se objeví v horní části polévky. Snižte teplotu na minimum, přikryjte a vařte 20 minut.
f) Sejměte víko, promíchejte a přidejte nudle. Dusíme odkryté, dokud nudle nezměknou. Ochutnejte a případně dochuťte solí a pepřem. Do polévky vymačkáme šťávu z limetky a zamícháme. Podávejte horké.

63. Cizrnová polévka se zataarskými krutony [Shurba bil Hommus]

SLOŽENÍ:
POLÉVKA:
- 1 šálek sušené cizrny, namočené přes noc, nebo konzervované cizrny, opláchnuté a dobře okapané
- 1 středně žlutá cibule, nakrájená na tenké plátky
- Šťáva z 1 citronu
- 1 lžička mletého kmínu
- Sůl podle chuti
- Čerstvě mletý černý pepř podle chuti

KRUTONY:
- 1 [6-palcový] pita chléb, nakrájený na 1-palcové čtverce
- 2 lžíce olivového oleje
- 1 lžička zataaru nebo sušeného tymiánu

INSTRUKCE:
a) Vložte cizrnu do velkého kastrolu nebo hrnce s 6 šálky vody a plátky cibule.
b) Pánev přikryjte a vařte na středně mírném ohni, dokud cizrna nezměkne, přibližně 5 minut u konzervy nebo 1 hodiny u sušené cizrny.
c) Odstraňte oheň a opatrně nalijte směs do mixéru. Přidejte citronovou šťávu, kmín a trochu soli a pepře. Dobře promíchejte, dokud nevznikne pyré.
d) Vraťte směs do hrnce. Ochutnejte a v případě potřeby dosolte. Pokud je polévka příliš hustá, vmíchejte několik lžic vody. Vařte na mírném ohni, dokud nebudete připraveni k podávání.
e) Příprava krutonů: Předehřejte troubu na grilu. Položte chléb na plech. Kousky chleba potřete olivovým olejem a posypte zataarem nebo tymiánem. Umístěte pod brojler a opékejte dozlatova na každé straně, asi 2 minuty na každé straně. Vyndejte z trouby a chléb rovnoměrně rozdělte do polévkových misek.
f) Polévku nalijte na krutony a podávejte.

64. Jehněčí vývar a polévka Orzo [Shorba bi Lissan al Asfoor]

SLOŽENÍ:
- 2 zrnka černého pepře
- 1 tyčinka skořice
- 2 kusy jehněčího masa s připevněnou kostí
- 1 cibule, hrubě nakrájená
- 1 mrkev, hrubě nakrájená
- 1 řapíkatý celer, hrubě nakrájený
- 2 lžíce soli nebo podle chuti
- 2 šálky orzo
- Šťáva z 1 citronu
- Hrst čerstvé petrželky, nasekané nadrobno

INSTRUKCE:
a) Příprava jehněčího vývaru: 8litrový hrnec naplňte do tří čtvrtin vodou.
b) Do hrnce přidejte kuličky pepře, tyčinku skořice, jehněčí maso, cibuli, mrkev a celer. Osolíme, promícháme a na vysoké teplotě přivedeme k varu. Jak se tvoří, sbírejte svrchu štěrbinovou lžící.
c) Jakmile se voda vaří, snižte teplotu na minimum, přikryjte a vařte 2 až 3 hodiny. Přeceďte vývar do jiného hrnce a vyhoďte koření a zeleninu. Maso oloupejte od kosti a nakrájejte na malé kousky.
d) Přidejte do zásoby. [V tuto chvíli mohou být zásoby chlazeny až týden nebo zmrazeny až měsíc.]
e) Předehřejte troubu na 350 stupňů F. Umístěte orzo na plech a opékejte v troubě, míchejte 2 nebo 3 krát, dokud orzo není zlatohnědé. Vyjměte z trouby a dejte stranou.
f) Přiveďte vývar zpět k varu na vysoké teplotě. Ochutnejte a v případě potřeby dosolte. Vlijte opečené orzo, přiveďte k varu a poté snižte teplotu na minimum. Polévku vařte asi 10 minut za občasného míchání, dokud orzo nezměkne, ale ne přehnaně. Sundejte z ohně, vmíchejte citronovou šťávu, ochuťte a případně dochuťte solí a pepřem.
g) Přendejte do polévkové mísy nebo jednotlivých polévkových misek, posypte petrželkou a podávejte horké.

65. Vermicelli, maso a rajčatová polévka [Shorbat bil Sharleya, Lahma, wa Tomatum]

SLOŽENÍ:
- 2 střední rajčata
- 1 lžíce nesoleného másla
- 1 středně žlutá cibule, nakrájená na kostičky
- 1 střední mrkev, nakrájená na kostičky
- 1 řapíkatý celer, nakrájený na kostičky
- 1 libra mletého hovězího masa
- ½ lžičky mletého nového koření
- ½ lžičky mletého kmínu
- ½ lžičky mletého muškátového oříšku Sůl podle chuti
- Čerstvě mletý černý pepř podle chuti
- 4 šálky hovězího nebo kuřecího vývaru
- 1 šálek nudlí
- Šťáva z 1 limetky

INSTRUKCE:
a) Velký kastrol naplňte do tří čtvrtin vodou a přiveďte k varu. Přidejte rajčata a vařte 1 až 2 minuty nebo dokud slupka nezačne praskat.
b) Rajčata sceďte a ponořte do misky s ledovou vodou. Když rajčata dostatečně vychladnou, oloupejte je, rozkrojte napůl, odstraňte semínka a nakrájejte na kostičky.
c) Ve velkém hrnci na středním plameni rozpusťte máslo. Přidejte cibuli, mrkev a celer. Smažte 5 až 7 minut, nebo dokud cibule nezprůhlední.
d) Přidáme hovězí a osmahneme, občas promícháme a maso nalámeme na malé kousky. Vmíchejte nové koření, kmín, muškátový oříšek a trochu soli a čerstvě mletého pepře podle chuti.
e) Přidejte rajčata, vývar a 4 šálky vody. Zvyšte teplotu na vysokou teplotu a přiveďte k varu, přičemž setřete špína, jak se objeví v horní části polévky. Snižte teplotu na minimum, přikryjte a vařte 20 minut.
f) Sejměte víko, promíchejte a přidejte nudle. Dusíme odkryté, dokud nudle nezměknou. Ochutnejte a případně dochuťte solí a pepřem. Do polévky vymačkáme šťávu z limetky a zamícháme. Podávejte horké.

DEZERT

66. Date Dome Cookies [Ma'moul]

SLOŽENÍ:
DATUM VYPLNĚNÍ:
- ½ kila sušených datlí, vypeckovaných
- 2 lžíce másla
- 1 lžička vody z pomerančových květů

TĚSTO NA SUŠENKY:
- 1 šálek nesoleného másla při pokojové teplotě
- 1½ šálku cukru
- 2 lžičky čerstvé pomerančové nebo citronové šťávy
- 1 lžička vody z pomerančových květů
- 1 velké vejce
- ½ lžičky mletých třešňových jader [mahlab] [volitelné]
- 3 šálky nebělené, univerzální mouky
- 1 šálek jemné krupice
- ½ lžičky soli Cukrářský cukr na posypání

INSTRUKCE:
a) Předehřejte troubu na 350 stupňů F. Umístěte rošty doprostřed trouby. Dva dvojité plechy na sušenky se vzduchovými buňkami nebo kameny vyložte silikonovými vložkami nebo pergamenovým papírem.
b) Připravte datlovou NÁPLŇ: Smíchejte datle, máslo a vodu z pomerančových květů v kuchyňském robotu. Zapněte a vypněte, dokud náplň nezíská pastovitou konzistenci. Dát stranou.
c) Příprava TĚSTA: Smíchejte máslo a cukr ve velké míse a smetanu do světle žluté barvy, přibližně 3 až 5 minut. Přidejte pomerančovou nebo citronovou šťávu a vodu z pomerančových květů; dobře promíchejte a poté přidejte vejce a znovu dobře promíchejte. Přidejte třešňová jádra, pokud používáte, a promíchejte, aby se začlenila.
d) V samostatné velké míse smíchejte mouku, krupici a sůl. Do máslové směsi pomalu přidávejte moučnou směs. Míchejte, dokud nevznikne hladké těsto a poté z něj vytvarujte kouli.
e) Sestavení ma'moul: Určete, jakou velikost formy používáte. Pro velkou formu rozlomte těsto na 2-palcové kousky. Pro malou

formu rozlomte těsto na 1½palcové kousky. Těsto mezi dlaněmi vyválejte na kuličky.

f) Každou kuličku zploštěte a do středu každého kruhu vložte 1 lžičku datlové směsi. Těsto protáhněte tak, aby pokrylo náplň a vytvarujte kuličky. Vložte jednu z kuliček těsta do formy na sušenky. Zatlačte ho do formy, dokud nebude v rovině s formou a nevyplní celý prostor. Podržte tyčinku formy a poklepejte na její hrdlo tak, aby sušenka směřovala od vás, na tvrdý povrch, aby se těsto na sušenky rozvinulo.

g) Umístěte cookie design stranou nahoru na cookie list. Opakujte se zbývajícím těstem. Soubory cookie mohou být umístěny ½ palce od sebe, protože se nerozšíří.

h) Pečte asi 20 minut a nenechte vršek sušenek zhnědnout. Vyjměte z trouby a posypte prosátým cukrářským cukrem.

i) Sušenky nechte vychladnout na plátech sušenek na mřížce.

67.Datum Haroset [Agwa]

SLOŽENÍ:
- 1 libra datlí, bez pecek
- 3 lžíce datlového nebo fíkového džemu

INSTRUKCE:
a) Datle dejte do velké mísy a zalijte vroucí vodou. Nechte stát, dokud nebude velmi měkký, minimálně 2 hodiny nebo přes noc.
b) Datle sceďte a vložte do kuchyňského robotu s fíkem nebo datlovou marmeládou.
c) Zapněte a vypněte, dokud pasta nebude hladká a tmavá. Pokud se vám zdá pasta příliš hustá, přidejte několik lžic vody, jednu po druhé, aby se zředila.

68. Egyptský librový dort [torta]

SLOŽENÍ:
- 1 šálek nesoleného másla při pokojové teplotě
- 1 hrnek cukru
- Strouhaná kůra z 1 pomeranče
- 1 lžička vanilkového extraktu
- 4 velká vejce, rozšlehaná do pěny
- ½ hrnku obyčejného plnotučného řeckého jogurtu
- 1¾ šálků nebělené, víceúčelové mouky
- 2 lžičky prášku do pečiva

INSTRUKCE:
a) Předehřejte troubu na 350 stupňů F. Umístěte stojan do středu trouby.
b) Máslo a mouku 10-palcový bochník.
c) Smíchejte máslo, cukr, pomerančovou kůru a vanilku ve velké míse a šlehejte, dokud se vše nespojí a zesvětlá. Přidejte vejce do máslové směsi ve 4 částech a po každém přidání dobře prošlehejte. Vmícháme jogurt.
d) Do směsi prosejeme mouku a prášek do pečiva. Dobře promíchejte, aby se zapracovalo a nalijte těsto do připravené pánve. Pečte 40 až 45 minut, nebo dokud nebude párátko zapíchnuté do středu čisté. Vyjměte koláč z trouby a nechte zcela vychladnout.
e) Vyklopte koláč z formy. Pokud dort nejde snadno vyjít, opatrně přejeďte nožem na máslo kolem všech okrajů a jemně jej nadzvedněte, aby vypadl.
f) Nakrájejte na 1 palec silné plátky a podávejte.

69. Tradiční eidské sušenky [Kahk a L'Eid]

SLOŽENÍ:
- 5 šálků nebělené, víceúčelové mouky
- 1 lžíce sezamových semínek
- 1 šálek přepuštěného másla [ghí]
- 1 šálek mléka
- ¼ lžičky soli
- ½ lžíce aktivního sušeného droždí
- 1½ lžičky prášku do pečiva
- ½ lžičky růžové vody21
- ½ lžičky mandlového extraktu
- ½ lžičky mleté skořice
- ½ lžičky mletého hřebíčku
- ½ lžičky mletého zázvoru
- ½ šálku cukrářského cukru na ozdobu

INSTRUKCE:
a) Předehřejte troubu na 350 stupňů F. Vyložte 2 plechy pečicím papírem nebo silikonovými vložkami. Do velké mísy nasypte mouku a uprostřed udělejte důlek. Do jamky nasypte sezamová semínka. Přepuštěné máslo rozehřejte v malém hrnci na středním plameni, dokud se nezačne vařit. Odstraňte z ohně a pomocí dřevěné lžíce opatrně zapracujte do mouky. Míchejte, dokud se ingredience dobře nepromíchají a moučná směs nevychladne.

b) V samostatné misce smíchejte mléko, sůl, droždí, prášek do pečiva, růžovou vodu, mandlový extrakt, skořici, hřebíček a zázvor. Přidejte mléčnou směs do těsta po ¼ šálku a po každém přidání dobře promíchejte, aby se zapracovala. Když je veškerá mléčná směs zapracována, z těsta vytvarujte kouli a vyklopte na lehce pomoučněnou plochu a hněťte 5 až 10 minut.

c) Odlamujte malé kousky těsta a válejte, abyste vytvořili 2-palcové kuličky. Umístěte kuličky 1 palec od sebe na plechy na pečení. Vršky mírně srovnejte a pomocí ma'alitu nebo vidličky vytvořte 3 nebo 4 řádky důlků na vrscích sušenek. Pečte oba plechy vedle sebe 14 až 18 minut, nebo dokud nebudou světle zlaté. Vyndejte z trouby a opatrně přesuňte sušenky na mřížky, aby vychladly. Pokračujte se zbývajícím těstem. Sušenky posypte cukrářským cukrem.

70. Asuánské datlové cookies [Biskoweet bil Agwa min Asuán]

SLOŽENÍ:
TĚSTO NA SUŠENKY:
- 2 tyčinky [1 hrnek] nesolené máslo, pokojová teplota [rezervní obaly na vymaštění plechů]
- ½ šálku cukru
- 1 velké celé vejce
- 2 velké žloutky
- 1 lžička čistého vanilkového extraktu
- 1 šálek krupice
- 1½ šálku nebělené univerzální mouky
- Špetka soli

DATUM VYPLNĚNÍ:
- 2½ libry datlí, bez pecek
- 1 lžička mleté skořice
- 2 lžíce nesoleného másla, pokojová teplota

POLEVA:
- 1 žloutek smíchaný se lžičkou vody
- ¼ šálku sezamových semínek [volitelné]

INSTRUKCE:
a) V míse elektrického mixéru s lopatkovým nástavcem utřeme máslo a cukr; přidejte celé vejce, žloutky a vanilku a dobře promíchejte. S mixérem běžícím na nízkou rychlost pomalu vsypte krupici, mouku a sůl. Pokračujte v míchání, dokud se těsto nespojí. Těsto zabalte do plastové fólie a nechte 1 hodinu chladit.
b) Namažte dva plechy na pečení a předehřejte troubu na 375 stupňů F. Připravte náplň spojením datlí, skořice a másla v kuchyňském robotu. Pulsujte a vypněte, dokud se nevytvoří pasta. Pokud se vám směs zdá příliš hustá, přidejte několik lžic vody, abyste získali hladkou pastu.
c) Po vychladnutí těsto pomocí válečku rozválejte na obdélník o rozměrech 10 x 15 palců na lehce pomoučené pracovní ploše. Udělejte 4 rovnoměrně rozmístěné svislé čáry podél obdélníku.
d) Udělejte 3 vodorovné čáry procházející obdélníkem a vytvořte 12 stejně velkých kusů.

e) Střed každého kousku naplňte 1 vrchovatou lžící datlové směsi. Pomocí stolní škrabky/vykrajovátka zvedněte okraje čtverců těsta kolem horní části náplně a přetočte, aby zakryly. Okraje zalepte a nechte konce odkryté. Poté, co byly všechny naplněny, rozřízněte každou na polovinu a položte na plechy na pečení 1 palec od sebe.
f) Vršek sušenek potřete rozšlehaným vejcem a posypte sezamovými semínky.
g) Pečte 25 až 30 minut dozlatova. Necháme vychladnout na plátech cukroví. Sušenky skladujte ve vzduchotěsné nádobě při pokojové teplotě po dobu až 2 dnů.

71. Medem plněné eid cookies [Kahk bil Agameya]

SLOŽENÍ:
PLNICÍ:
- 4 lžíce přepuštěného másla[ghí]
- 4 polévkové lžíce nebělené, univerzální mouky
- 1 šálek medu z pomerančových květů
- 4 lžíce nasekaných vlašských ořechů nebo datlí, je-li to žádoucí

TĚSTO:
- 1 lžička cukru
- 2 čajové lžičky aktivního suchého droždí
- 7 šálků nebělené, víceúčelové mouky proseté s 1 lžičkou soli
- 1 lžička mleté skořice
- 1 lžička mletého hřebíčku
- 1 lžička mletého zázvoru
- 2 šálky přepuštěného másla [ghí]
- 1 hrnek cukrářského cukru na polevu

INSTRUKCE:
a) Příprava NÁPLNĚ: Ve velkém hrnci na středním plameni rozpusťte přepuštěné máslo. Přidejte mouku a míchejte dřevěnou lžící, dokud směs nezmění barvu. Odstraňte z ohně a vmíchejte med, dobře promíchejte, aby se začlenil. Vraťte pánev na oheň a pokračujte v míchání, dokud směs nezhoustne, asi 10 až 20 minut.
b) Sundejte z plotny, vmíchejte oříšky nebo datle, pokud chcete, a nechte úplně vychladnout. Když směs vychladne, odlamujte velmi malé kousky náplně a vyválejte z nich kuličky o velikosti hrášku. Umístěte na list voskového papíru nebo plastového obalu, dokud nebudete připraveni plnit sušenky.
c) Příprava TĚSTA: V malé misce rozpusťte cukr ve ¼ šálku teplé vody. Přidejte droždí a zamíchejte. Směs necháme 10 minut uležet. Ve velké míse smíchejte mouku se solí, skořicí, hřebíčkem a zázvorem a uprostřed vytvořte důlek. Přepuštěné máslo přiveďte k varu ve středním hrnci na středním plameni.
d) Nalijte do středové prohlubně moučnou směs a míchejte, aby se přísady začlenily, a míchejte, dokud směs nevychladne. Jakmile těsto úplně vychladne, vmíchejte kvásek.

e) 2 plechy vyložte pečicím papírem nebo silikonovou vložkou. Poprašte čistou pracovní plochu další moukou. Těsto vyklopte na pracovní plochu a hněťte 10 minut, dokud nebude měkké a hladké. Z těsta odlamujte 1-palcové kousky a tvarujte do tvarů vajec.
f) Uprostřed každé udělejte důlek a vložte kuličku náplně. Zakryjte otvor a tvarujte sušenky do kuliček.
g) Umístěte sušenky 1 palec od sebe na připravené plechy. Udělejte 3 nebo 4 řady čar přes vrcholy sušenek pomocí vidličky nebo ma'alitu. Sušenky přikryjte kuchyňskou utěrkou a nechte 1 hodinu odpočívat.
h) Předehřejte troubu na 375 stupňů F. Pečte sušenky 20 minut nebo dokud neztuhnou. Vyjměte z trouby. Navrch prosejeme cukrářský cukr a necháme na pánvičkách vychladnout.

72. Faraonova foie Gras [Kibdet Firakh]

SLOŽENÍ:
- 2 šálky [4 tyčinky] nesoleného másla, pokojové teploty, plus navíc na vymaštění misky
- 2 libry kuřecích jater, upravených
- 1 střední cibule, nakrájená na tenké plátky
- 5 stroužků česneku, mletého
- 2 šálky kuřecího vývaru
- Šťáva z 1 citronu
- 1 lžička soli, nebo podle chuti

garniže
- ⅓ šálku čerstvých celých listů koriandru
- ⅓ šálku čerstvých celých lístků máty
- ⅓ šálku čerstvé celé petrželové natě
- ¼ šálku půlek vlašských ořechů
- 1 pinta čerstvých fíků, podle potřeby nakrájených na polovinu

INSTRUKCE:
a) Vymažte máslem misku na suflé nebo ošatku o 4 šálcích. Nádobu vyložte plastovým obalem a plastový obal namažte máslem. Smíchejte kuřecí játra, cibuli, česnek a vývar ve středním hrnci a přiveďte k varu na vysoké teplotě. Snižte teplotu na minimum, přikryjte a vařte, dokud se játra neprovaří, přibližně 10 minut.

b) Slijte tekutinu na vaření a přeneste játra, cibuli a česnek do kuchyňského robotu. Přidejte máslo, citronovou šťávu a sůl a zpracujte, dokud nebudou hladké a všechny ingredience jsou rovnoměrně rozloženy a máslo zcela zapracováno. Přendejte do připravené misky nebo pánve, přikryjte a chlaďte přes noc nebo do ztuhnutí [minimálně 4 hodiny].

c) Servírování: Odkryjte misku nebo pánev a přejeďte nožem po okrajích paštiky, aby se uvolnila. Na misku na suflé položte servírovací talíř a otočte dnem vzhůru. Jemně odstraňte plastový obal. Kolem okrajů talíře naaranžujte koriandr, mátu a petržel. Vršek paštiky ozdobte vlašskými ořechy a na paštiku a kolem ní naaranžujte čerstvé fíky. Podávejte vychlazené.

73. Krupicové sušenky s třešničkou [Biskoweet bil Smeed wa Kareez]

SLOŽENÍ:
- ½ šálku krupice
- ½ šálku mletých mandlí
- ½ šálku cukru
- ¼ lžičky mleté skořice
- 1 vaječný bílek
- 10 maraschino třešní, rozpůlených
- 2 lžíce meruňkového džemu

INSTRUKCE:
a) 2 plechy vyložte pečicím papírem nebo silikonovou vložkou. V misce smíchejte krupici, mandle, cukr a skořici. V samostatné misce ušlehejte bílek, dokud se nevytvoří tuhé špičky; vmícháme do moučné směsi. Těsto vyválejte na 1-palcové kuličky a umístěte je alespoň 1 palec od sebe na plechy.
b) Navrch každé sušenky položte polovinu třešně a mírně přitlačte. Dejte na 1 hodinu do lednice vychladit.
c) Předehřejte troubu na 475 stupňů F. Pečte sušenky ve středu trouby, dokud nebudou lehce zlaté, 8 až 10 minut. Džem dejte do malého hrnce se lžící vody a vařte na středním plameni, dokud se nerozpustí.
d) Přeceďte přes síto a natřete na horké sušenky.
e) Nechte vychladnout na pánvích; podávejte při pokojové teplotě.

74. Krémový pomerančový pudink [Mahallabayat Bortu'an]

SLOŽENÍ:
- 3 šálky čerstvě vymačkané pomerančové šťávy [přibližně 15 až 20 pomerančů]
- 3 lžíce rýžové mouky
- 3 lžíce kukuřičného škrobu, rozpuštěné v ¼ šálku vody
- ¾ šálku cukru nebo podle chuti
- Strouhaná kůra z 1 pomeranče

INSTRUKCE:
a) Do velkého hrnce dejte pomerančovou šťávu, rýžovou mouku, směs kukuřičného škrobu, cukr a pomerančovou kůru a promíchejte.
b) Na středním plameni přiveďte k varu a za stálého míchání vařečkou vařte dvě minuty.
c) Snižte teplotu na minimum a za častého míchání nechte vařit, dokud pudink nezíská polovinu svého původního objemu, mezi 10 a 20 minutami.
d) Jakmile pudink zhoustne, nechte ho úplně vychladnout a poté přendejte do velké, průhledné servírovací mísy nebo jednotlivých misek na pudink.

75. Krupicový dort s medovým sirupem [Basboosa]

SLOŽENÍ:
SIRUP:
- 1 citron
- 1 hrnek cukru
- 2 lžičky medu

KRUPICE:
- Nesolené máslo, na vymaštění pánve
- 1½ šálku krupice
- ½ šálku nebělené univerzální mouky
- ½ šálku cukru
- 1 lžička prášku do pečiva
- ¾ šálku [1½ tyčinky] nesoleného másla při pokojové teplotě
- ½ šálku bílého, plnotučného jogurtu
- Hrst blanšírovaných mandlí na ozdobu

INSTRUKCE:
a) Na sirup: Z citronu oloupejte 2 až 3 proužky citronové kůry a vložte do středně velké pánve. Odšťavněte citron a nalijte do stejného hrnce. Přidejte cukr a 1 šálek vody a promíchejte.
b) Na středním plameni za občasného míchání přiveďte k mírnému varu. Jakmile se směs začne vařit, přestaňte míchat a nechte směs několik minut vařit. Sirup odstavíme, přidáme med a promícháme. Nechte trochu vychladnout a poté vyhoďte citronovou kůru. Při přípravě dortu nechte zcela vychladnout.
c) Předehřejte troubu na 350 stupňů F. Vymažte pekáč o rozměrech 11 x 17 palců trochou nesoleného másla. Ve velké míse smíchejte krupici, mouku, cukr a prášek do pečiva. Přidejte máslo, dobře promíchejte a poté vmíchejte jogurt. Směs rozprostřete do připravené pánve.
d) Mokrýma rukama rovnoměrně přitlačte a ujistěte se, že povrch je hladký a rovný. Umístěte mandle na vrchol přibližně 2 palce od sebe a vytvořte 6 řad po 4 rovnoměrně rozmístěných mandlích. Pečte 30 až 40 minut nebo dozlatova.
e) Vyjměte dort z trouby a nakrájejte asi v polovině tloušťky dortu na čtverce nebo kosočtverce 2 x 2 palce [s mandlemi uprostřed každého], dávejte pozor, abyste neprořízli celou cestu až na dno formy [to by způsobit, že sirup po nalití navrch okamžitě klesne na dno].
f) Horký koláč rovnoměrně nalijte sirupem a nechte koláč chvíli odležet, dokud nevychladne a sirup se nevstřebá.

76. Meruňkový pudink [Mahallibayat Amr al Din]

SLOŽENÍ:
- 1 libra sušených meruněk, nakrájených na malé kousky
- 1 hrnek cukru
- 4 lžíce bramborového škrobu rozpuštěného v ¼ šálku studené vody
- Hrst blanšírovaných mandlí nebo jiných ořechů na ozdobu
- Hrst rozinek, na ozdobu

INSTRUKCE:
a) Vložte kousky meruněk do velké mísy a zalijte je 4 šálky vroucí vody. Nechte stát při pokojové teplotě přes noc nebo dokud kousky meruněk neabsorbují většinu vody.
b) K meruňkám přidejte cukr a promíchejte. Směs rozmixujte v mixéru.
c) Nalijte meruňkové pyré do středně velké pánve. Přidejte směs bramborového škrobu a dobře promíchejte dřevěnou lžící, aby se spojila. Zvyšte teplotu na vysokou a směs vařte 2 minuty za stálého míchání.
d) Snižte teplotu na středně nízkou a pokračujte ve vaření pudink za pomalého míchání, dokud nezhoustne a neodlepí se od stěn hrnce.
e) Pudink nalijte do jednotlivých ramekin nebo velké ozdobné mísy. Navrch posypte rozinky a ořechy vzorně tak, že navrch položíte vykrajovátka na cukroví a vnitřek tvarů naplníte ořechy nebo rozinkami.
f) Vyjměte vykrajovátka a pudink chlaďte asi 2 hodiny nebo dokud neztuhne. Podávejte vychlazené.

77.Roz Bel Laban [rýžový nákyp]

SLOŽENÍ:
- 1/2 šálku krátkozrnné rýže
- 4 šálky plnotučného mléka
- 1/2 šálku cukru
- 1 lžička vanilkového extraktu
- Mletá skořice na ozdobu

INSTRUKCE:
a) Rýži propláchneme a v hrnci smícháme s mlékem. Vařte na mírném ohni, dokud rýže nezměkne.
b) Přidejte cukr a vanilku, míchejte, dokud směs nezhoustne.
c) Nalijte do servírovacích misek, vychlaďte a před podáváním ozdobte mletou skořicí.

KOMĚNÍ

78. Meshaltet [pomazánka z přepuštěného másla a medu]

SLOŽENÍ:
- 1 šálek přepuštěného másla [ghí]
- 1/2 šálku medu
- Chléb k podávání

INSTRUKCE:
a) V hrnci rozpusťte na mírném ohni přepuštěné máslo.
b) Vmíchejte med, dokud se dobře nespojí.
c) Směs podávejte na teplém chlebu.

79. Dukkah [směs egyptských ořechů a koření]

SLOŽENÍ:
- 1/2 šálku lískových ořechů
- 1/4 šálku sezamových semínek
- 2 lžíce semínek koriandru
- 2 lžíce semínek kmínu
- 1 lžička zrnek černého pepře
- Sůl podle chuti

INSTRUKCE:
a) Na pánvi opečte lískové ořechy, sezamová semínka, koriandrová semínka, římský kmín a zrnka černého pepře, dokud nebudou voňavé.
b) Opečené ingredience rozemelte na hrubou směs.
c) Podle chuti dosolíme. Používejte jako dip s chlebem, posyp na saláty nebo jako potah na maso.

80. Tahini omáčka [pastová omáčka ze sezamových semínek]

SLOŽENÍ:
- 1/2 šálku tahini [pasta ze sezamových semínek]
- 2 stroužky česneku, mleté
- 1/4 šálku citronové šťávy
- Sůl podle chuti
- Voda [podle potřeby pro požadovanou konzistenci]

INSTRUKCE:
a) V misce smíchejte tahini, mletý česnek a citronovou šťávu.
b) Přidejte sůl podle chuti a upravte konzistenci vodou.
c) Podávejte jako dip, salátový dresink nebo pokapejte grilovaná masa.

81. Shatta [egyptská pálivá omáčka]

SLOŽENÍ:
- 6-8 červených chilli papriček, zbavená semínek
- 3 stroužky česneku
- 1 lžička mletého kmínu
- Sůl podle chuti
- Olivový olej [volitelné]

INSTRUKCE:
a) Rozmixujte červené chilli papričky, česnek, kmín a sůl do hladka.
b) Osolte a podle potřeby pokapejte olivovým olejem. Používejte jako pikantní koření do různých jídel.

82. Bessara [Fava Bean Dip]

SLOŽENÍ:
- 2 šálky vařených fava fazolí
- 3 stroužky česneku, nasekané
- 1/4 šálku olivového oleje
- Citronová šťáva podle chuti
- Sůl a kmín podle chuti

INSTRUKCE:
a) Rozmixujte fava fazole, mletý česnek, olivový olej, citronovou šťávu, sůl a kmín do hladka.
b) Dochutíme a podáváme jako dip nebo pomazánku na chleba.

83.Česneková omáčka [Toum]

SLOŽENÍ:
- 1 šálek stroužků česneku, oloupaných
- 2 šálky rostlinného oleje
- 1 lžíce citronové šťávy
- Sůl podle chuti

INSTRUKCE:
a) V kuchyňském robotu rozmixujte česnek a špetku soli najemno.
b) Při běžícím procesoru pomalu pokapávejte rostlinným olejem, dokud se ze směsi nestane hustá krémová omáčka.
c) Přidejte citronovou šťávu a sůl podle chuti. Použijte jako dip nebo pomazánku.

84. Amba [Nakládaná mangová omáčka]

SLOŽENÍ:
- 1 šálek zeleného manga, nakrájeného na kostičky
- 1/4 šálku mleté pískavice řecké seno
- 1 lžička mleté kurkumy
- 1 lžička mletého kmínu
- 1 lžička chilli prášku
- Sůl podle chuti

INSTRUKCE:
a) Smíchejte nakrájené mango, pískavici, kurkumu, kmín, chilli prášek a sůl.
b) Dobře promíchejte a nechte den odležet, aby se chutě propojily. Podávejte jako pikantní přílohu.

85. Směs koření škumpy

SLOŽENÍ:
- 2 lžíce mletého škumpy
- 1 lžíce mletého kmínu
- 1 lžíce mletého koriandru
- 1 lžička soli

INSTRUKCE:
a) Smíchejte mletý škumpa, kmín, koriandr a sůl.
b) Použijte tuto směs koření k posypání salátů, grilovaného masa nebo jako koření pro různé pokrmy.

86. Molokhia omáčka

SLOŽENÍ:
- 2 šálky čerstvých listů molokhia
- 2 stroužky česneku, mleté
- 1 lžíce olivového oleje
- Citronová šťáva podle chuti
- Sůl a pepř na dochucení

INSTRUKCE:
a) Listy molokhia uvařte do měkka a poté rozmixujte do hladka.
b) Na pánvi orestujte na olivovém oleji prolisovaný česnek a poté přidejte molokhia pyré.
c) Dochuťte citronovou šťávou, solí a pepřem.
d) Podáváme jako omáčku k rýži nebo chlebu.

87. Směs koření Za'atar

SLOŽENÍ:
- 2 lžíce sušeného tymiánu
- 2 lžíce mletého škumpy
- 2 lžíce sezamových semínek
- 1 lžíce sušené majoránky
- 1 lžička soli

INSTRUKCE:
a) Smíchejte sušený tymián, mletý škumpa, sezamová semínka, sušenou majoránku a sůl.
b) Tuto aromatickou směs lze použít jako koření do chleba, salátů nebo jako dip s olivovým olejem.

88. Besara [dip z bylinek a fazolí]

SLOŽENÍ:
- 2 šálky vařených fava fazolí
- 1 šálek čerstvého koriandru, nasekaného
- 1 šálek čerstvé petrželky, nasekané
- 3 stroužky česneku, nasekané
- 1/4 šálku olivového oleje
- Sůl a kmín podle chuti

INSTRUKCE:
a) Rozmixujte fava fazole, koriandr, petržel, česnek a olivový olej do hladka.
b) Dochuťte solí a kmínem.
c) Podáváme jako dip nebo pomazánku na chleba.

89.Tarator [sezamová a česneková omáčka]

SLOŽENÍ:
- 1/2 šálku tahini [pasta ze sezamových semínek]
- 2 stroužky česneku, mleté
- 1/4 šálku citronové šťávy
- 2 lžíce vody
- Sůl podle chuti

INSTRUKCE:
a) Šlehejte tahini, mletý česnek, citronovou šťávu a vodu do hladka.
b) Podle chuti dosolíme. Použijte jako omáčku k falafelu, grilovanému masu nebo jako zálivku na salát.

90.Sezamová melasa [Dibs a Tahini]

SLOŽENÍ:
- 1/2 šálku tahini [pasta ze sezamových semínek]
- 1/4 šálku melasy z granátového jablka
- 1 lžíce medu [volitelně]

INSTRUKCE:
a) Smíchejte tahini, melasu z granátového jablka a med (pokud používáte), dokud se dobře nespojí.
b) Používejte jako sladký a pikantní dip nebo polévku na dezerty, ovoce nebo chléb.

NÁPOJE

91. Černý čaj s mátou [Shai bil Na'na]

SLOŽENÍ:
- 4 čajové lžičky vysoce kvalitních černých sypaných čajových lístků
- 4 šálky vroucí vody
- Cukr, je-li to žádoucí
- 4 snítky máty

INSTRUKCE:
a) V konvici vložte čajové lístky do vroucí vody. Přikryjte a louhujte 10 minut pro silný čaj nebo 5 minut pro normální sílu.
b) Podle potřeby vmíchejte cukr.
c) Vložte snítky máty do sklenic. Čaj sceďte a přelijte mátou ve sklenicích.

92. Tamarindový džus [Assir Tamr Hindi]

SLOŽENÍ:
- 2 šálky tamarindového sirupu
- 4 šálky studené vody

INSTRUKCE:
a) Tamarindový sirup a vodu nalijte do džbánu.
b) Dobře promíchejte, aby se spojily a dejte vychladit do lednice až do podávání.

93.Kmínový čaj [Carawaya]

SLOŽENÍ:
- 4 lžičky praženého kmínu
- Cukr podle chuti

INSTRUKCE:
a) Ve středním hrnci přiveďte 4 šálky vody a kmín k varu na vysoké teplotě.
b) Vařte 2 minuty a poté sceďte do 4 šálků.
c) V případě potřeby oslaďte cukrem.

94. Beduínský čaj [Shai Bedawi]

SLOŽENÍ:
- 4 lžičky beduínského čaje [nebo sušeného tymiánu nebo sušené šalvěje]
- 4 čajové lžičky sušených organických poupat růží
- 1 tyčinka skořice
- 4 čajové lžičky sypaného černého čaje [běžného nebo bezkofeinového]
- Cukr, je-li to žádoucí

INSTRUKCE:
a) Zahřejte 4½ šálků vody, beduínského čaje, sušených poupat růží, tyčinky skořice a sypaného černého čaje v konvici nebo kastrolu na vysokou teplotu.
b) Jakmile se voda vaří, snižte teplotu na minimum a vařte 5 minut.
c) Vypněte teplo a čaj zakrytý louhujte 5 minut. Sceďte do čajových šálků a případně oslaďte cukrem.

95. Egyptská limonáda [Assir Limoon]

SLOŽENÍ:
- 2 zralé citrony, nakrájené na čtvrtky
- 5 lžic cukru
- 5 lžic medu
- 1 lžička vody z pomerančových květů
- 6 snítek máty, na ozdobu

INSTRUKCE:
a) Vložte citrony a 6 šálků vody do hrnce; přikryjeme a přivedeme k varu.
b) Snižte teplotu a vařte 20 minut. Sceďte tekutinu do džbánu a vidličkou protlačte šťávu z citronů přes sítko.
c) Přidejte cukr, med a vodu z pomerančových květů. Promíchejte, aby se dobře promíchalo a poté nechte vychladnout. Limonádu dejte vychladit do lednice.
d) Před podáváním dejte limonádu do mixéru a vyšlehejte do pěny.
e) Podáváme ve vychlazených sklenicích ozdobené snítkami máty.

96. Guava a kokosový koktejl [Cocktail bil Gooafa, Manga, wa Jowz al Hind]

SLOŽENÍ:
- 1 šálek studeného mangového nektaru
- 1 šálek studeného slazeného kokosového mléka, dobře promíchaný
- 1 šálek studeného růžového guava nektaru

INSTRUKCE:
a) Vložte čtyři průhledné sklenice do chladničky a nechte 15 minut chladit.
b) Do každé sklenice nalijte ¼ šálku mangového nektaru.
c) Podržte lžíci dnem vzhůru nad vršek mangového nektaru a nalijte na něj ¼ šálku slazeného kokosového mléka v každé sklenici.
d) Držte lžíci dnem vzhůru nad vršek kokosového mléka a nalijte ¼ šálku růžového guava nektaru na kokosové mléko v každé sklenici.
e) Ihned podávejte.

97.Domácí meruňkový džus[Assir Amr Din]

SLOŽENÍ:
- 1 libra sušených meruněk, nakrájených na malé kousky
- 1 hrnek cukru

INSTRUKCE:
a) Vložte meruňky do velké, žáruvzdorné mísy a zalijte je 6 šálky vroucí vody.
b) Nechte nasáknout, dokud se kousky meruněk nerozpustí [to může trvat od několika hodin až po celou noc, v závislosti na meruňkách].
c) Do meruněk vmícháme cukr, dokud se nerozpustí. Směs rozmixujte v mixéru.
d) Dejte do lednice do vychladnutí.

98.Horký skořicový nápoj [Irfa]

SLOŽENÍ:
- 4 tyčinky skořice
- 4 lžičky cukru nebo podle chuti
- 4 lžičky rozmixovaných nesolených ořechů, nasekaných

INSTRUKCE:
a) Smíchejte tyčinky skořice se 4 šálky vody ve středním hrnci a přiveďte k varu.
b) Vařte, dokud se skořice neotevře a neuvolní své aroma, přibližně 10 minut.
c) Vyjměte tyčinky skořice z tekutiny pomocí děrované lžíce a vyhoďte je.
d) Přidejte cukr a dobře promíchejte. Nalijte tekutinu do šálků a každou porci doplňte lžičkou rozmixovaných ořechů.

99. lékořicový nápoj [lr'sus]

SLOŽENÍ:
- 3 lžíce mletého kořene lékořice
- ⅛ šálku medu nebo cukru podle chuti

INSTRUKCE:
a) Mletý kořen lékořice vložte do sítka na čajové kuličky používaného na sypaný čaj. Vložte sítko do džbánu a naplňte ½ galonu studené vody. Nechte působit 1 hodinu a poté čajovou kuličku vyjměte.
b) Tekutinu přeceďte přes jemné sítko do jiné džbánu a podle potřeby oslaďte medem nebo cukrem. Přikryjte džbán a silně protřepejte nebo protřepejte v mixéru, abyste vytvořili pěnový vršek.
c) Podávejte ledově vychlazené.

100.Hibiscus Punch [Karkade]

SLOŽENÍ:
- 1 šálek sušených listů ibišku
- ½ šálku cukru nebo podle chuti
- 1 lžička vody z pomerančových květů

INSTRUKCE:
a) Naplňte velký hrnec galonem vody. Přidejte listy ibišku a přiveďte k varu na silném ohni.
b) Nechte vařit 5 minut; odstranit z tepla.
c) Šťávu sceďte přes cedník do džbánu. Přidejte cukr a vodu z pomerančových květů a promíchejte.
d) Listí vyhoďte nebo je použijte jako hnojivo na vaší zahradě. Punč podávejte teplý, pokojové teploty nebo studený.

ZÁVĚR

Doufáme, že když zakončíme naši kulinářskou cestu „ULTIMÁTNÍ EGYPTSKÉ POULIČNÍ JÍDLO 2024", zažijete bohatost a rozmanitost živé egyptské pouliční scény v pohodlí své vlastní kuchyně. Každý recept na těchto stránkách je poctou chutím, vůním a kulturním vlivům, díky kterým je egyptské pouliční jídlo opravdovým kulinářským požitkem.

Ať už jste ochutnali vydatnou dobrotu košhari, přijali slané křupání ta'ameya nebo si dopřáli sladké tóny basbousy, věříme, že těchto 100 receptů přineslo na váš stůl chuť rušných egyptských ulic. Kromě ingrediencí a technik vás může inspirovat duch egyptské pouliční kuchyně, abyste do svých jídel vdechli vřelost, komunitu a radostného ducha, které definují tuto kulinářskou tradici.

Když budete pokračovat v prozkoumávání obrovského světa egyptských chutí, kéž je „ULTIMÁTNÍ EGYPTSKÉ POULIČNÍ JÍDLO 2024" vaším důvěryhodným společníkem, který vás provede trhy, uličkami a bohatou tapisérií chutí, díky nimž je egyptské pouliční jídlo nezapomenutelným zážitkem. Zde si můžete vychutnat rozmanité a lahodné chutě Egypta – dobrou chuť!

www.ingramcontent.com/pod-product-compliance
Lightning Source LLC
Chambersburg PA
CBHW050147130526
44591CB00033B/1012